日本財団は、いったい何をしているのか

第八巻　日系人と日本

日本財団は、いったい何をしているのか

——第八巻　日系人と日本

目次

まえがき　12

序章　日系アメリカ人の肖像　23

（1）平和テラス物語　24
共通言語は日本語
明治の面影
真珠湾の衝撃
十二万人の強制収容
新天地シカゴ
三男五女の母

（2）北米女流歌人　46
日本人の血

ハングリー精神
魂の遍歴
（3）ドレスメーカーの誇り　58
風の街の一流店
再び新世界へ
黒光りのSINGER
（4）帰米二世　72
契約移民の子
船乗りになる夢
「軍隊は好きじゃない」
ドライバーの誇り

第1章　なぜ、何のために　83

（1）海外協力の原点　84
理事長の回顧

援助を可能にした知恵
(2) 失敗体験を乗り越えて 92
苦い教訓
「シカゴ定住者会」余聞
日系人支援メモ
(3) 身近にいる日系人 102
小さなスーツケース
親戚はアメリカン

第2章 世界各地の同胞たち 113

(1) 日系ペルー人の特質 114
気骨ある律義者
「ふるさと」の合唱
特異な日系大統領
挿話：日秘百年の架け橋 128

目　次

三世三人の合作
異郷に息づく日本文化
(2) ブラジルの理想郷　136
地球最大の日系人社会
耕す、芸術する、祈る
二つのルーツ
(3) 全米日系人博物館　146
ヒーローの奔走
ノー・ノー・ボーイ
良心的徴兵拒否
コミュニティの心
挿話：第442連隊戦闘団　162
総計一万八千の勲章
テキサス大隊を救出せよ！

当たって砕けろ！

「義務」と「名誉」
（4）ディスカバー・ニッケイ 172
四カ国語サイト
刷新計画

第3章 夢の実現プロジェクト 179

（1）日本を高める奨学金 180
学歴は問わない
必須の社会貢献活動
アルバイトは厳禁
（2）地下鉄とすしと鍼灸と 196
日本がモデル
ボリビア風和食
人生プラン

（3）日系人の日本語教師　202
バイリンガル育ち
乗り越えた受験勉強
日本語教育の追究

（4）日本発の服飾革命　212
アルゼンチンの花の都
ファッションデザイン
持続可能にする

（5）尺八に導かれて　226
シャクハチって、何？
目覚めた日系の魂
歌うように吹く
求道の日本留学
奨学生の役割

挿話：ルーツ探しの旅　240

第4章　世界初、若手日系人意識調査　245

（1）二十一世紀の日系人像　246
世界規模のリサーチ
三つの日系人グループ
「頑張る」価値観

（2）グローバルな視点で　258
アイデンティティーの叫び
海外日系人大会
調査チームの苦心
日系人という存在

第5章　新たな支援のスタイル　273

（1）少数精鋭の留学生たち　274

三年ぶりの対面選考
ファッションとAI農業と
日系スカラーシップの課題
帰国しない奨学生
（2）日系の中の非日系 288
日本語学校の異変
「世界交代」が起きている
若手リーダーの問題意識
日系社会の大胆改革
在ブラジル日系人
カエル・プロジェクト
終章 プロジェクトの意義～尾形武寿理事長に聞く 307
そもそも国策だった
エンマヌエル協会老人ホーム
日秘移住百周年記念病院

日本財団会長の緊急手術
スカラーたちに望むこと

追記：フジモリ元大統領との面会　326

目　次

まえがき

「日系人支援」のプロジェクトは、日本財団が展開している多種多様な社会貢献事業の中にあって、異色のテーマ設定といえるかもしれない。明治以降に海外に移住した日本人や、彼らが築き上げたコミュニティ（日系社会）を支援していこうという取り組みなのだが、なぜ、それを取り上げるのかという問いに、即答しにくいようにも思えるからだ。

しかし、じつは筆者には興味が尽きないテーマなのである。たまたまではあるが、筆者は日本財団の活動の軌跡をシリーズ本にまとめる仕事に取り掛かるずっと前から、日系人という人間群像に強い関心を抱いていた。

２０１３年までの四十年間、産経新聞社の記者だった筆者はそのうちの計六年間、米国中西部のシカゴと西海岸ロサンゼルスに滞在する経験をしている。その時、多数の日系人に接し、彼らの個人的体験を聞き取る機会を得た。新天地を求めて海を渡った日系人の行動は、その断片を語ってもらうだけでも、目を見張るような冒険物語だった。

日本財団による日系人支援プロジェクトを知った時、筆者はまず、自分自身の個人的関心が日本財団の事業につながっていたことに驚いた。日本財団と筆者に、日系人という共通の接点があったことが不思議であった。縁があったことになる。

日系人とは、どのような人たちなのか。
日系人を通じた国際交流活動などを行っている公益財団法人の海外日系人協会（本部・横浜市中区）は日系人について、日本から海外に本拠地を移し、永住の目的を持って生活している日本人やその子孫の二世、三世、四世等を指し、国籍や混血かどうかに関係なく海外日系人であると定義している。

だが、そのような紋切り型の説明だけでは、正確な日系人像をとらえることはできないだろう。日本人にとって日系人とは、遠いルーツを同じくすることによる親近感の対象であるだけでなく、もっと意義深い存在ではないだろうか。

海外日系人協会の推定によれば、世界各国に居住する日系人は今や世界十数カ国で約四百万人にものぼる。北米大陸ではすでに移民八世が登場していると聞く。一方で、仕事と生活の拠点を日本以外の国に移した〝新日系人〟も増えている。グローバル化の進展と共に、日系人の定義や特質が変わってきた。こうした変化もふまえ、日本人はもっと日系人に関心を持つべきだと考える。

ＪＩＣＡ（国際協力機構）のウェブサイトを読んでいて、「移民の歴史を未来に伝えるブラジル」との見出しがついた文章の中に、示唆に富んだ記述があった。

日本人のブラジル移住七十周年となった1978年、サンパウロで開催された記念の国際シンポジウムで、当時国立民族学博物館の館長だった梅棹忠夫（1920〜2010年）が「われら新世界に参加す」とのタイトルで行った基調講演にふれた部分だった。

それによると、梅棹は、移民を〝出稼ぎ〟という次元ではなく、人類史の中でとらえ、その文明論的意味を考えるべきではないだろうかと問いかけた。民族学者であり、また未来学者でもあった梅棹は、まさに「知の巨人」と呼ばれるにふさわしいマルチ学者であった。日系人とはいかなる存在であるかをずばり言い当てている。

梅棹は、ブラジルは日本からの移民を新文明への参加者として受け入れたと指摘した。そして、基調講演を次のようにまとめたという。

「お客でもなければ、割り込んできた侵入者でもない。参加者である。これが日本人移住者と言うものの文明的意味である。日本人はまさに、新文明形成の参加者であった」

日本人移住者はブラジルで原始林を開拓し、農業を振興し、町おこしに貢献し、ブラジルで生まれた二世、三世の教育に力を入れた。やがて日系ブラジル人は政界、官界に進み、医師や弁護士、芸術家など広範な分野で活躍するようになった。それは日本人移住者・日系人の努力のたまものであるが、それを受け入れたブラジルの器の大きさも称えたい。

日本財団のこれまでの日系人や日系社会の支援事業の資料を探していて、思いがけない発見があった。プロジェクトが始まった1970年代半ば以降の助成先が明記された《海外協力援助実績　日系人支援（各国別）》一覧表に、懐かしい団体名があったのだ。その一つは1992年度の「シカゴ定住者会」である。英語ではJapanese American Service Committee in Chicagoと表記されている。

定住者会は第二次大戦後の1946年に設立された非営利の社会事業団体である。大戦中に大統領令によって自宅からの立ち退きを命じられ、強制収容所に送られた日系アメリカ人たちがシカゴに定住できるよう支援する活動を行っていた。反日の空気が強かったカリフォルニア州など西海岸に比べると、シカゴなど中西部の都市では日系人に対する風当たりもさほど強くなかった。定住者会は、日系アメリカ人だけでなく、日本文化に関心のある地域住民に多彩な交流プログラムを提供し続けていた。

日本財団はシカゴ定住者会の一連の活動を高く評価したようだ。1992年度、一億二千三百四十万円の運営基金を設置し、助成に乗り出している。

もう一つは、1997~2007年度にある「全米日系人博物館(Japanese American National Museum)」である。ロサンゼルスのリトル東京にある。

第二次大戦中の強制収容という、日系アメリカ人が集団で経験した特異な出来事は米国社会で一般にはあまり知られていなかった。このため、日系の実業家や二世の退役軍人らが奔走し、リトル東京の旧西本願寺羅府別院を借り受け、1992年には全米日系人博物館として展示を始めた。さらに1999年、日米両国をはじめ世界中で募った寄付金をもとに、約五十億円の事業費をかけた新たなパビリオンをオープンさせている。

全米日系人博物館への日本財団の助成は1997年度から2007年度までの期間だけで八億八千万円にのぼった。助成は現在も続いている。

この二つの施設には、筆者が産経新聞社の記者だった時に取材で何度も足を運んだ。懐かしい場所であった。

記者時代の筆者は日本財団の活動についてはほとんど何も知らなかったのだから、不思議な巡り合わせと言える。

シカゴ定住者会が運営する十三階建ての高齢者アパート「平和テラス」の建物は鮮明に記憶している。一階のロビーや、招き入れてもらった入居者の部屋の光景までが今も目に浮かぶ。

その「平和テラス」で、筆者はいったい何を取材していたのか。

１９８８年8月から１９９０年2月にかけての約一年半、筆者は産経新聞社の社内制度による留学生としてイリノイ大学シカゴ校の大学院（コミュニケーション学専攻）で修士論文につながるレポートづくりに取り組んでいた。

明治～大正時代にアメリカに渡った日系の移民一世には、そのころ、まだ多くの存命者がいた。第二次大戦中、米軍兵士として欧州戦線に派遣された日系二世には戦死者が目立ったが、無事生還した人も少なからずいた。筆者はそこで、生還者の証言を丹念に聞き取り、激動の時代の米国社会を生き抜いた日系人の証言ドキュメンタリーをまとめたいと考えた。タイトルは仮に『シカゴの中の小さなニッポン』としていた。中西部の街を背景にして、日系アメリカ人一世、二世たちの肖像画を描こうと思ったのである。

日系アメリカ人に自分史を語ってもらう――。単純明快であり、躍動的な原稿になると確信していたが、ドラマチックな経験を持つ一世を具体的に探し出し、一人ひとりに取材の承諾を得るのは簡単ではなかった。地元の日系コミュニティの人脈に頼るしかないと思った。

「シカゴ新報」という、日系アメリカ人向けの邦字新聞がある。当時は確か、週二日ほど発行されていた。そこに電話をかけ、編集長に頼み込んだ。

「日系一世の方を何人か、紹介してもらえませんか」

一方的な依頼であったが、日系コミュニティの好意的な対応によって、取材の突破口は切り開かれた。シカゴ新報編集長が紹介してくれたのが前出の社会事業団体「シカゴ定住者会」である。やがて筆者は定住者会が運営する高齢者アパート「平和テラス」に出入りするようになり、日系一世、そして二世の聞き取りを続けることができたのである。

しかし、定められた留学期間は一年半で、残念なことに筆者はその間に修士課程を修了することはできなかった。『シカゴの中の小さなニッポン』の原稿（英文）は未完のまま、机の引き出しに入れられてしまった。

時は流れた。筆者は２０１３年、産経新聞社を定年退職した後、日本財団に移り、ドキュメンタリーのシリーズ本『日本財団は、いったい何をしているのか』に取り組むことになった。そして第八巻のテーマを「日系人支援」と決め、引き出しの奥から「平和テラス」のインタビュー原稿を引っ張り出したのである。

以上の経緯から、本書はまえがきに続く序章に「日系アメリカ人の肖像」とのタイトルをつけ、アメリカで生き抜いた男女四人のミニ伝記を掲載することにした。三十数年前の古すぎるドキュメントをあえて使う異例の構成にしたのは、その原稿にシカゴ定住者会への支援に日本財団が乗り出したころの「平和テラス」の入居者たちの肉声が封印されていたからだ。伝聞ではない、筆者が直に聞き取った、等身大の日系人たちの証言なのである。

明治から昭和にかけての日本人の移住先を俯瞰的に見ると、北米大陸はアメリカ、カナダ、中・南米ではメキシコ、ブラジル、ペルー、ボリビア、アルゼンチンなど十数カ国に及ぶ。だから、一口に日系人といっても、これらの日系人には居住国や世代を超えた共通項がある一方、世代間差はもちろん、国ごとに異なる日系人の特質もあり、興味深い。

本書は日系アメリカ人だけでなく、日系ブラジル人や日系ペルー人にも取材の輪を広げていく。

日本財団　シニアアドバイザー　鳥海美朗

２０２３年５月

カナダ
121,490人
アメリカ
1,484,190人
メキシコ
20,000人
コロンビア
1,800人
ペルー
100,000人
ブラジル
1,900,000人
ボリビア
11,350人
チリ
3,000人
アルゼンチン
65,000人

海外に居住する日系人の国別人数（計約400万人）

数字は海外日系人協会がまとめた2022年現在の推定値

日本財団による日系人支援事業（抜粋）

1974年	ボリビアにおける日本庭園の造園。日本財団による日系社会支援事業の第一号。
1977年	アマゾン日系人病院別棟建設（アマゾニア日伯援護協会に助成）。老移民救護事業運営基金（サンパウロ日伯援護協会に助成）。
1981年	日本財団が「海外協力援助業務規程」を施行。日系人支援事業が本格化。
1984〜85年	日秘総合診療所の増築。
1992年	米国シカゴ定住者会の運営基金の設置。
1997〜2001年	全米日系人博物館による日系人社会・文化に関する国際共同研究プロジェクトに助成。
2002〜07年	全米日系人博物館による日系人の歴史保存プロジェクトの推進に助成。
2000・09年	日秘移住百周年記念病院の建設と増設で、ペルー日系人協会に対して助成。
2003年	日系スカラーシップ・夢の実現プロジェクトがスタート。2004年、奨学生の第一期生9人を受け入れ。
2005年	アルゼンチンにおける日系生活困窮者保護施設の開設で、在亜日系団体連合会に対し助成。
2012年	ペルーの日系老人ホームの増設と総合診療所の医療機器拡充で運営団体に助成。
2015年	ペルーの老人ホームのための小型バス2台の購入費。
2020年	「グローバル若手日系人意識調査」の結果公表。

日系アメリカ人の肖像

※この章の本文は、筆者が米国イリノイ大学シカゴ校大学院（修士課程）に在学中の1989年に作成したレポートの一部である。原文は英文だが、筆者が和訳し、加筆した。取材時を現在とする時制で書かれている。

（1）平和テラス物語

■共通言語は日本語

米国中西部、イリノイ州シカゴ市北郊のミシガン湖畔に、「HEIWA TERRACE（平和テラス）」という名の十三階建てアパートがある。落ち着いたレンガ模様の外壁の大きな建物で、一階にはゆったりしたロビーと広いダイニングルームがあった。

平和テラスは日系の社会事業団体「シカゴ定住者会」が、高齢化したり障害を抱えるようになった（主として）日系人一世のために資金集めに奔走したたまものである。連邦政府（米国住宅都市開発省）から六百四十万ドルの融資を受けて建設され、1980年に完

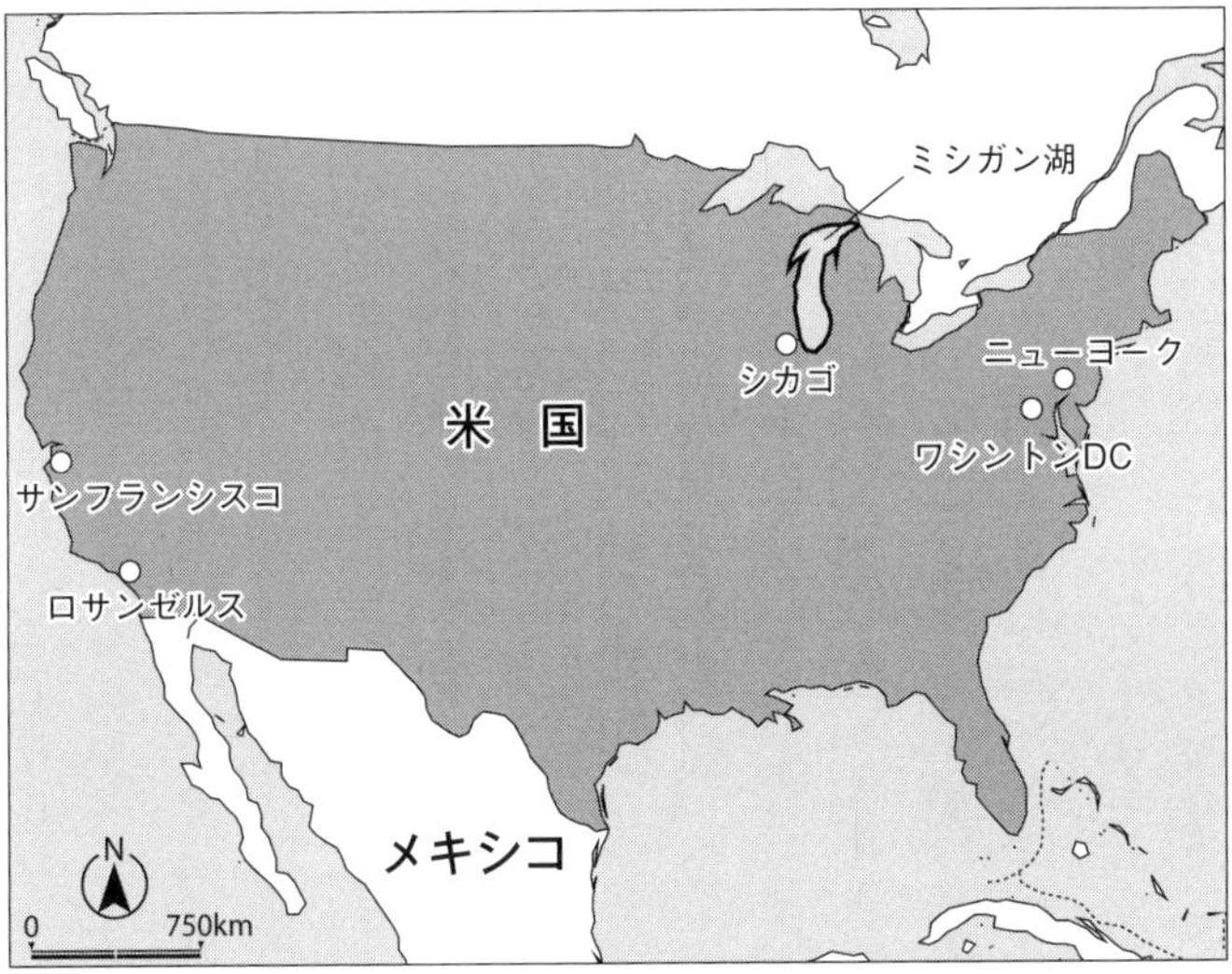

成した。部屋は二百室あり、すべて2Kだが、各室のリビングルームは十畳ほどの広さ。むろん冷暖房・給湯設備、シャワー付きバスルーム、システムキッチン、個別電話、テレビ付きオートロックシステムなどが完備されていた。

入居資格は六十二歳以上（夫婦の場合はどちらかが六十二歳に達していればよい）。家賃は収入（年金）の三分の一とされ、オープン当時、最低家賃は月五十ドルだった。入居の際に人種を問われることはないが、建設の経緯などから、実際にはオープン当初、入居者の約六割を日系人が占めた。韓国系、台湾系がこれに次ぎ、アジア系で全体の八割余りを占めている。

入居者の世話役を務めるソーシャル・ディレクターは日系三世の女性である。彼女の日本語はたどたどしく、漢字は書けない。であるのに、彼女が作成したという平和テラスの行事カレンダーは、漢字まじりの整った日本語で書かれていた。最初に日系ソーシャル・ディレクターが英文でタイプし、それを日本語がわかるコリアンのおばあさんが韓国語と日本語に翻訳して作り直す。結局、三カ国語のカレンダーが出来上がる。

韓国系と台湾系の入居者の共通語は英語ではなく、日本語。平和テラスの主要言語は日本語なのだ。

平和テラスは福祉施設ではあった。しかし、建物の外観や居住空間の質は近くのミシガン湖畔に立ち並ぶ高級マンションと比べても遜色はなかった。

1989年4月から5月にかけ、筆者はこの平和テラスをたびたび訪れ、何人もの入居者にインタビューし、彼らのそれまでの体験について長時間にわたって語ってもらった。彼らが健在なうちに、できるだけ多くの証言を得ておきたいという思いがあったからだ。

シカゴ市にある高齢者アパート「平和テラス」(1989年4月＝鳥海美朗撮影)

「平和テラス」11階の部屋からの眺望。ミシガン湖が見える（1989年4月＝鳥海美朗撮影）

■明治の面影

平和テラスの十一階にある菊池静子の部屋の窓からはミシガン湖がよく見えた。はるか彼方で、水平線が空に溶け込んでいた。

静子が唐突に話しかけてきた。

「上野公園には不忍池がございましょう?」

1891（明治二十四）年5月24日、神奈川県生まれの菊池静子はまもなく九十八歳。北米大陸の土を踏んでからすでに七十五年の歳月が流れていた。にもかかわらず、彼女はまるで、ずっと東京で暮らしていたかのように話し始めた。

「夏になりますと、不忍池の一面にハスの花が咲きます。その花が開くとき、ポン、ポンと音を立てると父が申しましてね。ほんとかしら、と思いながら、確かめてみたくなり、朝四時ごろ起きて、出掛けたものでございました」

静子の日本語はおっとりとしていて、きわめて古風だった。彼女は微笑しながら話し続けた。

「でも、ポンという音など、やはり聞こえませんでした……。私が女学生のころのお話でございますよ」

百年以上前の世界にタイムスリップしたような気分にさせる言葉が続く。静子に限らず、平和テラスの住人、中でも女性たちは皆、次のように話す。

「(東京の)御徒町の二丁目。ご存じですか。あそこに、たしか歌舞伎の劇場があったのです。私は活動写真の方が好きでしたけれど」

「私は、落語の末廣亭。それに酒悦の福神漬け」

取り留めのない、日本語の会話のキャッチボールがミシガン湖畔で続く。

平和テラスへの取材を手助けしてくれた日系紙「シカゴ新報」の女性編集長はこう言っていた。

「あそこには、『明治』が生きています」


九十八歳になった菊池静子にとって、平和テラスが生活空間のすべてだった。窓からミシガン湖が見える部屋で、彼女は淡々と自分の半生を語った。

「おかげさまで、体の方は、別段悪いところはございません。看護婦をしておりました長女が骨を丈夫にする薬を持ってきてくれますので、それだけは飲んでおります」

静子は千鳥格子のスカート、藤色のブラウスにベージュ地花模様のカーディガンをはおり、リビングルームのソファに座って、両手は膝の上にそろえていた。櫛の入った真っ白な髪。微笑は絶やさず、その日本語はあくまで古風であった。

「ただ、なにぶん、この年でございます。半年ほど前までは、ときおり教会にも出かけておりましたが、いまはもう……。ひとり、この部屋で聖書を読み、賛美歌を口ずさんでおります」

生家は日蓮宗だが、十六歳の時、キリスト教の洗礼を受けたと静子は明かした。渡米前のことである。彼女が東京・神田のミッション・スクール「駿台英和女学校」に通学していたころだ。テーブルの上に置かれた黒表紙の聖書の巻末に、彼女自身が万年筆で書いた覚え書きがあった。

《明治四十年、これを求む》

確か五十銭だった。

「記憶の方も、もう、はっきりしないところがございまして……」

それでも、静子は自分の身の回りで起きたさまざまな出来事をかなり細部にわたって覚えていた。

静子はすでに、自分史『彼と私の思い出』を書いている。1974年、戦後六度目の帰国をした際、彼女が自分自身と夫の生い立ちや半生を語り、姪が口述筆記のかたちで書き留めたものだ。

「最初に渡米したとき、合衆国の大統領はタフト（ウィリアム・H・タフト＝在任1909〜13年）からウィルソン（トーマス・W・ウィルソン＝1913〜21年）に交代したところでした」

その次がウォーレン・G・ハーディング、続いてカルビン・クーリッジ、ハーバート・C・フーバー、フランクリン・D・ルーズベルトが三期、さらにハリー・S・トルーマン、そして、ドワイト・D・アイゼンハワー……と、彼女は歴代合衆国大統領の名をたどっていった。そのことよって、記憶の糸を紡ぎ出そうとするのだった。

■真珠湾の衝撃

菊池静子の『彼と私の思い出』によれば、彼女が東京・築地の教会で結婚式を挙げたのは1913（大正二）年であった。夫の仲二郎は八丈島の出身で、二十歳そこそこでアメリカの捕鯨船に乗ってカリフォルニアへ渡り、米海軍でボーイとして働くなど波乱に富む経歴の持ち主だった。その後、サンフランシスコの軍港近くで理髪店を経営していた時、「嫁探し」のために一時帰国した。静子との結婚は、教会関係の知人が取り持った見合いがきっかけだった。

新婚旅行は鎌倉、江ノ島、箱根方面へ出かけたという。二人は神田・神保町の借家で新婚生活を始めた。仲二郎は気前のいい人で、毎日のように訪ねて来る両親や親類、友人らをすきやき鍋で歓待した。やがて、静子は妊娠した。

「手持ちのお金も残り少なくなってきた。そろそろアメリカに戻るか」

仲二郎がそう言い出したのは結婚一年後の1914年のことである。二人は「東洋汽船モンゴリヤ丸」に乗り、太平洋を渡った。静子はつわりと船酔いにさんざん苦しんだ。途中、ハワイのホノルルに二泊。船がカリフォルニア州のサンフランシスコ港に接岸したのは、日本を出てから十八日目だった。

静子のアメリカ生活はサンフランシスコの少し北にあるヴァレーホ市で始まった。仲二郎はそこで理髪店を再開した。

軍港に近く、仲二郎のカット技術が優れているのを知る水兵たちも多かったので、店はけっこう繁盛した。黒人とフィリピン人の店員を雇ってもやっていけた。

酒好きの仲二郎は土曜日の仕事を終えると町の居酒屋に出掛けて行き、誰彼となく酒をおごった。仲二郎はその辺りでは「アイルシ」と呼ばれていた。アイルランド系の移民は概して勤勉で、給料をもらうと友人たちに気前よく酒をふるまう。そこから仲二郎につけられたニックネームだった。

良い夫でした、と静子は言う。が、ただ一つ、大きな欠陥があった。しばしば大酒を飲み、酔うと暴れ出して静子に暴力をふるったことである。そのころはサンフランシスコ近辺でもまだ日系人の若い女性は少なく、仲二郎は静子を他の日系人の男に奪われはしないかと不安だった。静子はそう思っていた。

《彼は私を愛する余り、万一他人にとられてはと、酒の力を借りて私に暴力をふるったのでしょう》

家事や子供の世話で疲れ果て、しかも異郷ではただ一人の頼りである夫が酒で理性を失っているのを見るのはつらかった。真夜中、屋根の上にのぼり、濡れて冷たい洗濯物を干していると、無性に東京のことが思い出された。キラキラと輝きながら降ってくるような星を見つめながら、静子は「おかあさーん」と小さく叫び、泣いた。夫に仕えること、そして耐えること。彼女は、当時は残っていた日本の封建時代的な社会規範を植え付けられた女性であった。

それでも、たまに起きる仲二郎の酒乱騒動以外、ヴァレーホでの生活は大禍なく過ぎていった。長男に続き、次々と子どもが生まれ、二人は結局、三男五女の親となった。理髪店の経営も順調だった。アメリカ西海岸の小さな町に生活基盤を確保した菊池一家は、そのまま平穏に日系ファミリーの歴史を刻んでいくはずだった。

しかし、異変はいつも、突然やってくる。

１９４１年12月７日の朝（米国時間）、家の外が何やら騒がしいのに静子は気付いた。隣家に住む白人の老人が駆け込んできて何かを叫んだが、彼女には理解できなかった。ラジオのスイッチを入れた。あとで正確にわかったのだが、アナウンサーは衝撃的な事実を繰り返していた。

「Waves and waves of airplanes with the emblem of the rising sun on their wings are swarming over the City of Honolulu……（両翼に日の丸をしるした幾重もの戦闘機の群れが、ホノルル上空に襲来しています……）」

■十二万人の強制収容

日本軍の奇襲攻撃によって、「自由の国・アメリカ」も戦時態勢に入った。真珠湾攻撃から約二カ月後の1942年2月19日、当時の合衆国大統領、フランクリン・D・ルーズベルト（在任1933〜45年）は「大統領令9066号」に署名した。これを受けて米国防長官と西部方面指令長官はカリフォルニア州など太平洋沿岸三州とアリゾナ州南部に住む日系人に対し、自宅からの立ち退きを命じた。3月から5月にかけ、計約十二万人に及ぶ日系人が集合地のキャンプを経て、カリフォルニア州などの戦時強制収容所に送られている。米国は日系人を「敵性外国人」として扱ったのである。

静子の一家はまず、南サンフランシスコの競馬場を改装した仮収容所に移され、その年1942年の9月にはアリゾナ州フェニックスの「比良キャンプ」に送られることになった。

《（その朝）病後の夫は食事もせず、何となく浮かぬ様子をしていて、シガーばかり口にしていました。子どもたちは家族一同でどこかにバケーションにでも行くように思い、大喜びです》

アリゾナへ向かう列車内で仲二郎が倒れた。脳いっ血だった。長年の飲酒がたたったのだ。幸い一命はとりとめたが、途中下車して病院に運ばれることになった。静子は子どもたちと共に強制収容所に向かう。それ以外に選択肢はなかった。

比良キャンプにはすでに多数の日系人が収容されていた。キャンプはまだ建設の途中であるらしく、ダイナマイトで山を崩したりしていた。未舗装の道路は、風が吹くたびにすさまじい土埃を巻き上げた。

キャンプの外には出られない。静子たちは自由を奪われた囚われの身ではあったが、収容所の生活には意外な側面もあった。

三度の食事は各家族ともそれぞれのバラック宿舎を出て、大きな食堂で全員一緒に食べるのが決まりだったが、食堂ごとにコックが四、五人いた。つまり、各家族の主婦らは食事の準備はもちろん、後片付けや皿洗いをする必要もなくなった。これは驚きだった。

その空いた時間で、主婦らは英会話や裁縫を習うことができた。月三ドルの衣料費が支給されたが、トイレの掃除などキャンプ内の雑役をすれば、十六ドルの給料が支給された。誰もが通信販売の「シアーズ」や「モンゴメリー」のカタログを見て、必要なものを注文していた。

「以前より着るものが増えたわ」

「天国みたいね」

キャンプ内で交わされていたこんな会話を静子は思い出す。アメリカ社会の片隅で、夫を支えながら身を粉にして働き続けてきた大多数の日系移民の婦人たちが、外に出ることが許されない鉄柵の中で初めてゆとりの時間が持てたというのは、皮肉である。

静子は、しかし、英会話も裁縫もできなかった。入所一カ月後、キャンプ内の病院に移送されてきた仲二郎が半身不随になっていたからだ。彼女は付きっ切りで看護を続けたが、仲二郎は再びベッドから起き上がることはできなかった。1943年の7月、彼は息を引き取った。六十四歳だった。

仲二郎の葬儀には、日系人だけでなく、キャンプ内の学校の先生や病院の医師らが参列してくれた。カリフォルニア大学バークレー校に学んだ長男の恩師が仲二郎の棺に供える花を贈ってくれた時は、人の情けが身にしみた。キャンプ内では生花が手に入らず心を痛めていた静子は「あれほど感激したことはありませんでした」と何度も言った。

多くの励ましや支援を受けた。それでもキャンプ内の生活はやはりつらかった。鉄柵の中の閉鎖社会は、やはり人間から心身の平衡を奪ってしまうものらしい。キャンプ内で警官を務めていた男が妻の不貞に逆上し、妻とその愛人を惨殺するなど、いくつかのやりきれない事件が静子の身の回りで起きた。

長期の看病による心労で静子は悪性の胃潰瘍になり、胃を半分以上切り取る手術を受けている。心身共に疲れ果てた収容所生活だった。

■新天地シカゴ

日米開戦後では四度目の年明けとなる１９４５年の正月、静子たちはアリゾナの比良キャンプを去ることになった。日本はまだ降伏してはいなかったが、米国政府は日本の敗戦を確実とみて、日系人を強制収容所から釈放しても差し支えないと判断したのだった。

静子はカリフォルニアに戻ろうとは思わなかった。仲二郎とのいろんな思い出が刻まれた町に帰ることは、つらすぎた。彼女は新天地を求め、中西部のシカゴを選んだ。長男がシカゴ大学で心理学を研究するため、一足先にそこで生活を始めていたからでもあった。

米国では、日露戦争（１９０４〜０５年）後に急増した日本人移民に対する警戒感がくすぶり続けていたが、日本人を「帰化不能外国人」として一切入国を禁止するとした、通称「排日移民法」が1924年に成立すると、排日感情はピークに達した。

中西部のシカゴはカリフォルニアなどの西海岸ほど日系人に対する風当たりは強くなかったといわれる。とはいえ、シカゴの街角にも、次のようなスローガンを大書したポスターが掲げられていた。

《ジャップを撃て！》

ジャップとは日系人に対する蔑称である。

シカゴ日系人会が発行した『シカゴ日系百年史』（伊藤一男著、1986年）によれば、日米開戦後には医師、仏教僧らシカゴ在住の日系人九人が「敵性外国人」としてFBI（米国連邦捜査局）に逮捕された。また、1943年12月4日付のシカゴ・トリビューン紙は「真珠湾攻撃以来シカゴで捕まったジャップは計十五人となった」と報じている。

それでも静子は、「シカゴには悪い思い出がありません」という。彼女はまず、長男らと共に、ダウンタウンのアパートに住んだ。家賃は月四十ドルだった。

「隣に白人のおじいさんとおばあさんが住んでいましてね、とても親切な方たちでした。買い物はどこに行けばいいとか、現金をたくさん持ち歩いてはいけませんよとか、何かにつけて世話していただきました」

戦時中は凍結されていたが、仲二郎が遺してくれた銀行の預金が八千ドルあった。だが、これは家を買う時の資金としてとっておかねばならなかった。生活はすでに成人していた年長の子どもたちが支えてくれたが、静子自身も楽隠居というわけにはいかなかった。時計店で仕事を見つけた。簡単な組み立て作業で、時間給は六十五セントだった。

「初めてチェッキ（小切手）でお給料をいただいた時、それはもう、うれしゅうございましてね。家に帰りましてから、どうだ、マミーだってチェッキ持っているのよと子どもたちに胸を張ったものでした」

■三男五女の母

静子のささやかな贅沢は、給料日に子どもたちと一緒に出掛け、ダウンタウンのステート通りにあるデパート「マーシャル・フィールズ」で買い物をした後、七階のレストランで食事をすることだった。母子の幸せな時間を静子は大切にした。

「皆さん、私のことを、さぞご苦労なさったんでしょうねえ、などとおっしゃいますが、私の苦労などは大したことではございません。私はたくさんの子ども（三男五女）に恵まれ、そして、どなたにも親切にしていただきました」
子どもたちは皆、よく勉強した。長男は心理学博士に、次男は外科医になるなど、アメリカ社会での地盤を築いていった。戦後三十年が経ったころに末娘の五女を癌で失い、1988年には長男に先立たれる不幸に見舞われたが、静子は楽しかった思い出だけを胸に抱いて生きてきた。

平和テラスに入居する前、静子は長女の家に身を寄せていた。平和テラスに移ったのは、シカゴで長年肩寄せ合って生きてきた仲間がいたからであった。あるいは、子どもたちの生活と自分の暮らしと、それぞれを大事にしたいという思いがあったのかもしれない。

筆者が静子の聞き取り取材を始める少し前に、四女のエミが同じ平和テラスに引っ越してきた。エミもまもなく古希（七十歳）になろうとしていた時だった。

他の子どもたちも時々、孫を連れてやって来た。孫は総勢では二十人以上にもなる。静子は二世のわが子たちとは、むろん、日本語で話をする。だが、静子の英語は孫たちとのコミュニケーションには不十分だった。それでいいと静子は思う。お互い干渉せずに暮らすのが一番いいと考えているのである。

静子のリビングルームには、四方の壁際の棚に、こけし、日本人形、茶器、香炉、さらに小皿、重箱といった骨董品がびっしりと並べてあった。そのうちのいくつかは彼女が新婚早々の１９１４年に海を渡った時、持ってきたものだ。

「毎年三月には、亡くなった五女が大切にしていた小さなひな人形を飾ります。それは、日本にオーダーして取り寄せたものです」

夜、寝付かれない時、静子は聖書や本を読む。愛読書は野村胡堂の『銭形平次捕物控』と、第二次大戦によって切り裂かれた日系二世兄弟らの苦悩を描いた山崎豊子の『二つの祖国』だという。

週一回放送される日本のテレビドラマも何より楽しみにしている。

「好きな番組ですか。『おしん』なんかが、好きでございます」

ベッドルームの壁には、セピア色になった九葉の写真が一葉ずつ額に入れられて掛けられていた。夫の仲二郎と子ども八人全員のポートレートである。

静子は戦後六回、日本に里帰りしている。

「もちろん、私は日本人ですから、日本には愛着を持っています。でも、何と申しますか、帰国して親類の家におりましても、どうも落ち着きません。十日もたちますと、シカゴに戻りたい、と思うのですよ」

今の日本に私の友人はいない。私が見た日本は、私が長く北米大陸にいて抱き続けてきたイメージとはなぜか違う、別の国のようだ。そう言って、静子は苦笑するのである。

序章　日系アメリカ人の肖像

（2）北米女流歌人

■日本人の血

用箋には三十首ほどの短歌が書き留められている。そのコピーが、集まった十五、六人の「同人」たちの手元に配られた。彼らは皆、一首、一首を熱心に吟味している。

《長患に快癒を祈る千羽つる
　埃を浴びて色褪せてきし》

指導役の婦人（五十一歳）が意見を述べた。

「問題は、この『祈る』ですね。誰が祈るのか、視点がはっきりしません」

1989年4月11日の午後。シカゴの高齢者アパート「平和テラス」十二階の集会室で開かれた「湖畔短歌勉強会」の月例会は、なかなかの活気に満ちていた。東京の短歌結社誌「短歌人」（1939年創刊）同人で、シカゴ在住九年目の指導役を除く出席者はすべて、平和テラスの住人である。

湖畔短歌勉強会の同人たちは大半が日系一世である。「月一回の勉強会を楽しみにしております」という、九十八歳の菊池静子（前出）のほか、この日、百歳の誕生日を迎えたメンバーもいた。

日本国内なら、こうした同好サークルの活動も珍しくはない。しかし、広大な太平洋を隔てた米国の中西部、シカゴの街の片隅で、このような短歌の勉強会が小グループで続けられていることが、同じ街に異邦人の日本人として長期滞在中だった筆者には小さな驚きだった。これまではほとんど関心をもたなかった短歌に、筆者は何かしら懐かしささえ覚えていた。

アメリカ合衆国という巨大な国。日本とは気候や風土が大きく異なる。加えて異質の言語や文化の中で人生の風雪に耐えてきた日系人の一世だからこそ、遠く離れた祖国・日本の精神文化に強く引きつけられるのだろう。

短歌。詠み人は自らの思いを五・七・五・七・七の三十一文字に凝縮して発信する。平和テラスの日系一世歌人たちの熱心さは、自分が「日本人」であることを確かめようとする、懸命の努力のようにも思える。

「湖畔短歌勉強会」の主宰者は、平和テラス十一階の住人、加藤はるゑであった。勉強会の発足は平和テラスができて四年目の１９８３年。入居者の間で自然発生的に声が上がり、歌人として長いキャリアがあるはるゑのもとに人が集まったのだという。

月例の勉強会を取材した時、はるゑはすでに九十歳になっていたが、かくしゃくとした話しぶりだった。

「確かに、短歌にひかれるのは、日本人の血といえますね」

勉強会では吟味の対象になった一首に短歌の神髄にふれる言葉が現れると、指導役がそのつど、ワンポイントのレッスンを行う。例えば、「玉響」という語。「たまゆらに」と訓み、玉がゆらぎふれ合うことのかすかなところから、「ほんのわずかの間」という意味に用いられる。万葉集の「玉響きのふの夕見しものを今日の朝に恋ふべきものか」から生じた語と思われる……といったふうに学んでいく。

ただし、勉強会は「あくまで楽しく」がモットーですとはるゑは言った。

「私を含めて、皆さんご高齢です。なかなか若い人のようにはできません。まず、(短)歌を楽しむこと。そして、できるだけ長続きさせようと思っています」

■ハングリー精神

加藤はるゑは七十年間に及ぶ在米生活の間、ロサンゼルス、第二次大戦時の強制収容所、そしてシカゴと、住んだ土地ごとに日系人の短歌同人の結成にかかわり、歌を詠み続けてきた。1970年には自選の歌集『大湖の韻《ひび》き』を出版している。歌壇の中で特異な位置を占める「北米女流歌人」であった。

はるゑが夫と共に米国西海岸ワシントン州のシアトルに着いたのは、1920年7月1日である。先述の菊池静子夫婦のサンフランシスコ着の六年後だった。

日本からの移住者の多くがそうであったように、加藤夫婦はまずロサンゼルスに住んだ。夫は手始めにレストランで働き、後には自分で経営したりもしたが、「造園業の方が稼ぎになると判断し、転職しました」という。当時の北米大陸の日系移住者には造園業を手掛けたり、庭師になる例が少なくなかった。

はるゑは静かに話し続けた。

「アメリカに憧れてやって来た人がずいぶんいましたけれど、私はもともと（渡米は）気がすすまなかったのです。でも、主人について行くしかしようがありませんものね」

ロサンゼルスに着いた直後の気持ちについて、彼女は『大湖の韻き』のあとがきでこう表現している。

《気の遠くなる程遠い昔に、日本からアメリカに渡ってきた若いひとりの女が移民地の荒い風土の中に見い出したものは、貧困と失意と郷愁の混沌とした生活でありました》

短歌が彼女の心の渇きを癒やしたと言っていい。

加藤はるゑは鹿児島県の出身である。旧内務省の官吏で、漢学者でもあった父の影響で、女学校時代から文学に親しんだ。知人の一人に大正歌壇で活躍した尾上柴舟《おのえさいしゅう》（1876～1957年）が主宰する歌誌「水甕《かめ》」の同人がいたことがきっかけで、短歌の道に入った。

「与謝野晶子の歌もきらいではありませんでしたが、私は斎藤茂吉の方にひかれ、影響を受けました」

ロサンゼルスに来た翌年に長男、その翌年には長女が生まれた。当時のロサンゼルスやサンフランシスコの日系人社会はまだ混沌とした状態にあった。はるゑは育児と家事に追われながら、そんな「日常」を題材に歌を詠み続けた。異郷での暮らしはつらいことの連続だったが、彼女はそれを短歌づくりの刺激にしたようだ。サンフランシスコの「桑港日本」やロサンゼルスの「羅府新報」など邦字紙の文芸欄に投稿を続け、自分の歌が活字になると、さらに意欲を燃やした。

1925年ごろ、ロサンゼルスで短歌同好の日系人たちが「南詠会」を結成した時、はるゑは真っ先に参加している。この結社には二十人ほどの同人が集まり、全米の日系人に呼び掛けて合同歌集を編纂するなど、活発に活動した。

どんな時に歌を詠むのか。その問いに、はるゑは答える。

「自分の気持ちがハングリーな（満たされない）時。人間、極限状態に立たされると、精神が研ぎ澄まされるのだと思います」

こうも言った。

「私の歌はほとんどが日常生活を素材にしたものです。日常の中にこそ、人生の真実があると思う。それに……。いい歌は、自分をさらけ出さないと、できませんね」

■魂の遍歴

北米大陸での約七十年に及ぶ個人史の細部について、加藤はるゑは寡黙だった。しかし、『大湖の韻き』に収められた千首近い短歌が、彼女が歩んできた道のりの険しさと魂の遍歴を雄弁に物語る。

《大統領ルーズベルトの怒りたる声ラジオより八衢《やちまた》に満つ》（1941年12月7日、日米

開戦）

前出の菊池ファミリーがアリゾナ州の戦時強制収容所に送られたように、加藤一家もロサンゼルス郊外の仮収容所を経て、ワイオミング州の山中に設営されたハートマウンテン収容者へ送られた。

《点呼ナンバー胸につけられて子もわれもラインに並べり囚人のごと》（1942年5月12日）

大戦前の数年間は、「家庭的な蹉跌や病気・貧困、日本への一時帰国」などが重なったこともあって、歌人としての活動の空白期間だったとはるゑは言う。しかし、日米間の戦争が始まり、強制収容によって肉体的、精神的な自由を制限されたキャンプ生活で、彼女は逆に少しずつ短歌への意欲を取り戻していった。「南詠会」時代の仲間が他の収容所で発行した歌誌に彼女も作品を送った。

《零下廿度吹雪の中に佇ちつくす子の徴兵令受けし日の暮れ》（1942年9月）

アメリカで教育を受けた長男は当時シカゴで働いていたが、父母の祖国・日本については何も知らなかった。それだけに、母親として複雑な心境だった。

「幸い息子は戦地に行かずにすみましたが、もし、行っていたら、どうしたでしょうねえ。

彼にとって、祖国とはアメリカですが、やはり悩んだでしょうねえ」

《身のうちの血潮引きゆく思ひせり祖国降伏すと聞けるたまゆら》（1945年8月）

終戦後、はるゑはミネソタ州ミネアポリスで長女夫婦と一緒に暮らした後、1949年には長男が待つシカゴに移った。病気がちだった夫を助け、ダウンタウンのウエストサイドでアパートの経営を始めた。生活は楽ではなかったが、久しぶりに戻った平穏な日々だった。

《大湖の韻き聞きつつ常凡の日々累《かさ》ねゆく未来かも知れず》

「シカゴに来てしばらくは、どういうわけか、ミシガン湖ばかり詠んでいました。日本人は、どうも、『水』にひかれるのでしょうね」

ただ、ミシガン湖の畔に立って彼方を眺めると水平線が見える。日本最大の湖である琵琶湖と比べても桁違いにでかい。湖というより、海である。とらえどころがない。はるゑはその広大無辺のスケールに圧倒された。

長男が結婚し、シカゴでの生活が落ち着いたころ、はるゑの歌に少し変化が現れる。身の回りのことを素材にしつつも、テーマが社会性を帯びてきた。とくに1968年に暗殺されたマーチン・ルーサー・キング牧師が指導した黒人の公民権運動は、自分だけの世界に閉じこもりがちだった彼女の目を外の世界へ向けさせた。

《黒人街のショーウィンドウに着飾れる　マヌカン人形は白人の顔》

《MY　COUNTRYを唱える示威の群この国はまぎれもあらぬ君らが国なり》

はるゑ自身も「黄色の異人種」として、あるいは「敵性外国人」として、この国アメリカに個人史を刻んできた。「黒人街」や「黒き炎」と題されたいくつかの歌は、日系人の彼女が、同じマイノリティの黒人たちと共有できた思いであり、同時に「私は本当に人種差別をしていないか」という、自問でもあったのだ。

《人種偏見あげつらひつつ遂にさびし悪は意外にわが裡に棲む》

ケネディ大統領の暗殺（1963年）やアポロ11号の月面着陸（1969年）も題材にした。孫がベトナム戦争に行くことになった時、はるゑはこう詠んでいる。

《ベトナムの民らを殺すことなかれ汝東洋系の裔《すえ》なり孫よ》

極東の島国の精神文化を背負いつつ、「人種のるつぼ」の大陸に生きる。そんな相克のテーマを追求してきた。はるゑの歌は、二つの祖国のはざまで揺れる日系人たちの魂の叫びであった。

インタビューの終わりが近づいたころ、筆者ははるゑから逆に質問された。

「俵万智さんの『サラダ記念日』をどう思いますか？」

俵万智は型破りの口語短歌で注目を集めていた気鋭の歌人で、1987年発表の第一歌集『サラダ記念日』は歌集としては異例の大ベストセラーになっていた。

日本では当時、社会現象まで引き起こしていた俵万智だが、筆者は自分で短歌を詠んだこともない門外漢だ。何ら専門的な知識を持ち合わせていない筆者は予想していなかった質問にとまどった後、俵万智流の口語短歌には違和感を覚えると言った。すると、はるゑは「そうでしょう」と、同意見であるのを明かした。しかし、売れっ子の新進女流歌人に対するやっかみではなく、作品についての純粋な批評ですよと、何度も付け加えるのだった。

はるゑはシカゴに来てからも、1950年代には「シカゴ歌話会」、60年代には「女人短歌」シカゴ支部、そして80年代に入っては「湖畔短歌勉強会」と多くの結社を主宰したり、選者を務めたりしてきた。同人の中には「日本の歌壇に頼らず、アメリカ的なやり方に挑戦しましょう」という意見もあった。彼女自身も歌に横文字を取り入れる手法を試みたりしたが、試行錯誤を経て、次のような考えに落ち着いた。

「短歌は日本で生まれ、長い伝統の中で育ってきた芸術であるから、やはり、伝統的な手法は無視できない」

言語感覚を研ぎ澄まし、あくまで三十一文字の定型にこだわる。でなければ、短歌が短歌でなくなってしまう。

日本を遠く離れ、長く異質の文化の中にわが身を置いてきたからこそ、加藤はるゑはよけいに伝統に対する執着が強まったのだと自己分析している。

「新しい手法がすべて悪いとは思いません。でも、短歌はやはり、短歌なのです」

――短歌を英訳することは可能ですか
「私は、無理だと思います。英語では日本語の微妙なニュアンスは伝わりません。私の思いは、英語では表現できません」

（3）ドレスメーカーの誇り

■風の街の一流店

「そう、スタンレー・コーシャック。シカゴに住んでいる人なら、誰でも知っている、有名なお店です」

1896（明治二十九）年生まれの新野恒子《にいのつねこ》は、かつて自分が勤めていた、シカゴ市の北ミシガン街にある洋装店の屋号を大きな文字で紙に書いて見せた。

「STANLEY　KORSHAK」——。恒子が覚えていた綴りは正確だった。彼女はシカゴの市街地図を広げながら、高級店が立ち並ぶビル街にあるその洋装店の場所を教えようとするのである。

「ほら、ここです。ちょうど、ドゥレイクホテルの向かい側だから、すぐわかります。もっとも、お店の外観も店内も、すっかり変わってしまったでしょうね」

恒子は1951年から二十二年四カ月、そのスタンレー・コーシャックでドレスメーカー（洋裁師）を務めたという。

「STANLEY　KORSHAK」は、婦人服ファッション界の権威者となったハイマン・スタンレー・コーシャックが自らの名前を冠した店で、ファッションの街のシンボル的な存在になっていた。

恒子は話し好きで、話題が豊富だった。平和テラス十階の彼女の部屋のリビングルームで話を聞いている時、彼女が持ち出す話題は、こちらの質問に先行してあちこちに飛んだ。

「アメリカではね、皆、年のことを考えずに生きています。日本の年寄りと比べると、二十歳は若く見えるでしょうね」

そして、ドレスメーカー時代に話は戻る。

「私がスタンレー・コーシャックに勤めていたころは、ドゥレイクホテルのすぐ裏までレイク（ミシガン湖）が迫っていましてね。あそこは埋め立て地なのです。シカゴがウインディ・シティ（風の街）って呼ばれているのはご存じですね。あの当時は、レイクがすぐそばにあったものだから、今よりもっともっと風が強くて、それはもう、すごかったのですよ」

彼女の経験談には、多少の脚色があるかもしれない。

「それでね、お店の前のミシガン街とオーク通りの交差点の横断歩道にはロープが張りめぐらされていて、風に吹き飛ばされないようにそのロープをつかんで道路を渡るのです。本当よ。私はこの通り、小柄ですから、いつもハンサムなおまわりさんが抱きかかえるようにして店まで連れていってくれました」

彼女の顔には年齢相応のしわが刻まれ、灰色の髪は少し薄くなっていたが、その声には張りがあり、生き生きとしたリズムがあった。チャーミングな女性が放つ輝きは失われていなかった。

平和テラスの高齢の日系一世たちはさすがに出かけることが少なくなっていたが、恒子は例外だった。筆者は、インタビューの日時の約束を取るのに苦労したのを覚えている。「週末はたいてい、子どもや孫たちと外に出るし、おまけに私は旅行マニアでね。去年（1988年）はアラスカとカナダへ行き、帰ってきてマイアミとバハマ（西インド諸島）に出かけました」

平和テラスの日系人たちの間では、新野恒子が有名な歌手、藤山一郎（1911〜93年）の姉であることがよく知られている。しかし、そのことはインタビューの趣旨とは直接かかわりのないことなので、筆者はあまり話題にしなかった。恒子の実家は東京の日本橋蛎殻町（現在中央区）の織物（モスリン）問屋で、恒子が五人兄弟の長女であったことや、藤山一郎が三男で末っ子であったことはあとで知った。また、恒子が女学校を卒業後に嫁いだ相手は、文部省唱歌『案山子』などの作曲で知られる山田源一郎の甥だったという。

しかし、筆者が何よりも聞きたかったのは、恒子が渡米するに至った経緯と、渡米後の体験であった。

日系アメリカ人一世たちの物語を追跡していくと、必ずと言っていいほど、彼らがアメリカ社会の中でいかに日本的な精神・文化を保持しようとし続けたかというエピソードが出てくる。アメリカという巨大社会にあって日系一世は、大海に迷い込んだ淡水魚のようにも見えた。日系一世たちとアメリカ社会との積極的な融合を見出すのは難しいようにさえ思えた。

ところが、平和テラスの他の日系一世の住人と比べてみて、恒子からは少し違う印象を受けた。彼女は会話の中で、他の一世よりもはるかに頻繁に英語を使い、英語でジョークを言うのが好きだった。しかし、それだけではなかった。

■再び新世界へ

新野恒子は、東京・日本橋の織物問屋の長女として、非常に可愛がられて育てられた。女学校時代は芝居を欠かさず見て歩き、歌舞伎役者の「（市川）左団次」に熱を上げたお転婆娘だった。

夫の庄作は現在の群馬県安中市生まれ。日露戦争が終わった翌年1906年、米国中西部のミシガン大学にいた長兄と、西海岸のロサンゼルスにいた次兄を頼って、二十歳で太平洋を渡った。その後、ロサンゼルスの農園で季節労働者や庭番などとして働き、苦労の末にメキシコ国境に近い小さな町エルセントロで中華料理店を開いた。

新野恒子との出会いは、一時帰国した時の見合いである。「娘にはぜひ洋行させたい」と考えていた恒子の母親が大変乗り気になり、結婚が決まったようだ。

1921（大正10）年、夫に連れられた新妻の恒子は南太平洋鉄道の蒸気機関車の列車に揺られ、駅とはとうてい言えないようなエルセントロ駅にたどり着いた。まわりには何もない。あまりの荒涼たる風景に、新妻は泣き出してしまった。涙が砂埃に混じり、顔がくしゃくしゃになったのを本人が覚えている。

しかし、こういう湿っぽい昔語りは恒子の性に合わない。彼女は苦境にあってもなんとか活路を見出すタイプの人間だった。

夫が再び取り組んだ中華料理店の経営は楽ではなかったが、妻が夫を助けて店で働くことはなかった。夫は「女がレストランで給仕をしたりするものではない」と、店で働かせなかったからだ。

彼女は家でぼんやりしていることが大嫌いだ。どうやって退屈を紛らせたか。エルセントロはデパートもない、映画館もない、何もない田舎町である。そうなると、何でもやってみる積極性が大きくものを言う。

そのころ、日本のファッションデザイナーの草分けで「ドレメ式洋裁」の創案者である杉野芳子（1892～1978年）がロサンゼルスに住んでいて、型紙と仮縫いで体型に合わせた洋服をつくる洋裁の通信教育をやっていた。これだ、と恒子は飛びついた。辺鄙な異郷の町では何かに熱中しなければ耐え切れない。ドレメとは何か、最初はよくわからなかったが、やがて恒子は夢中になった。この通信教育によって身に付けた技術がその後大いに役立ち、恒子の生きがいにつながっていく。

中華料理店は夫が懸命に働いたおかげでうまくいき、少しは貯えもできた。それまでの道のりを振り返るゆとりも生まれた。そうなると、新野夫婦は日本が恋しくなった。そんなタイミングに、折り畳み式自転車の特許を半分買わないかという話を持ち掛けられた。

「日本で作れば、売れるぞ」

こうして夫婦は初の渡米から六年後の1927年3月、三人の子どもを連れて日本に帰った。アメリカには二度と帰らないつもりだった。

ところが、人生は計算通りにいかない。新野夫婦はエルセントロで稼いだお金をコツコツと日本に送り続けていたのだが、その送金先の銀行が帰国後まもなくつぶれてしまったのだ。件の折り畳み式自転車もまったく売れなかった。二人があれほど懐かしいと思った神社の縁日も浅草のほおずき市も、一度感激すると、懐かしさを感じなくなった。はるかな異郷の街の風景こそが何かしら懐かしく思い出されるのだ。不思議な感情だった。

やっぱり、新世界の方がいい。

新野ファミリーは再び、海を渡った。

■黒光りのSINGER

アメリカとは不思議な国だ。お金を持たない日系人にむごい試練を与えるかと思えば、思わぬ幸運をもたらしてくれることもある。エルセントロで中華料理店を営んでいた恒子の夫は、今度もレストランを開いた。しかし、以前とは違った。つてがあり、なんと、隆盛期を迎えた映画産業の中心地ハリウッドの目抜き通りに店を構えることができたのである。

三年間、店の経営はトントン拍子だった。しかし、事態はまた突然、暗転する。

1929年10月、ニューヨーク・ウォール街の株式市場の大暴落を契機として起こった大恐慌は名もない日系ファミリーの生活を粉砕してしまう。取引銀行が閉鎖されてしまい、店も閉めざるをえなくなった。結局、新野一家は「新世界」における出発点だったエルセントロの町に舞い戻ることになる。八年ぶりだった。

それから十二年後、さらに大きな暗転があった。1941（昭和16）年12月7日（米国時間）の日米開戦である。

恒子の夫の店は日本軍による真珠湾攻撃の翌日、営業許可証を取り上げられた。学校から帰ってきた長女ら子どもたちが突き付けてきた言葉を、恒子は忘れないでいる。

「ママ、日本は卑怯ね。パールハーバーのアタックは騙し討ちだよ」

新野一家が日系人の強制収容所に送られたのは言うまでもない。恒子は、しかし、収容所での生活をカラリとした口調で、ときにはユーモラスに脚色しながら語った。

「収容所のまわりには鉄条網が張り巡らされ、望楼には機関銃が据えられていましたが、それさえ気にしなければ、三度三度のごはんに心配はないし、自治制がとられていましたから、存外、けっこうなものでした。収容所内で私は洋裁の教師をしていましてね、十九ドルの月給をもらっていたのですよ」

「毎日演説ばかり聞かされてはたまらないということで、舞台を作って、飛び入り勝手のかくし芸大会が開かれる。手作りの酒がまわされる。まるで、毎日がお祭りのようでした」

アメリカ側への密告者を殴った青年たちが逮捕されたのがきっかけで、収容所内でストライキが起きたこともあった。それが、やりきれない思いをした数少ない出来事だったという。

戦争が終わった翌年の１９４６年、新野一家はシカゴへ移住した。三人の子どもは皆頼もしかった。長男は電気技師、次男は外科医、長女は看護師と、それぞれが独自の道を歩き始めていた。夫はシカゴ市内のホテルでコックの仕事を見つけた。

恒子は、市内のドレスショップが新聞に求人広告を出しているのを長女に教えられ、本人自ら「雇ってほしい」と売り込みに出向いた。持ち込んだ自作のドレスを見せると、すぐに採用となり、洋裁師としての新野恒子の本格的な活動が始まった。五十歳のころである。アメリカ中西部の大都市で日系人女性が発揮したバイタリティに拍手を送りたい。

数年後、恒子が勤めたドレスショップの経営者が亡くなり、店を閉めることになったが、未亡人が恒子の腕を買っていて、別の一流店への就職を世話してくれた。それが前述の「スタンレー・コーシャック」である。

そのころ、つまり1950年代の初めごろ、恒子の給料は週給六十一ドルだったという。ミシガン街の店で仕事をしているのが彼女の誇りだった。店の裏に工房があり、そこで二十人ほどのドレスメーカーが働いていたが、彼女は誰にも負けない自信があった。時には材料を家に持ち帰って仕上げたこともあった。

恒子が見せてくれたベッドルーム兼仕事場の窓際に、黒光りのするミシンが置かれていた。

《SINGER》

エルセントロにいたころに買ったそうだ。以来六十年余り、彼女の相棒を務めてきた電動のマシンである。

「いつもオイルを注しているし、部品も自分で取り替えます。だから、ノー・ブレークダウン（故障なし）。コンピューター付のミシンなんて、私には必要なしですね」

恒子がＳＩＮＧＥＲを使ってみせた。モーターの音は静かで、小気味よかった。彼女は布に軽く手を添えるだけ。人間が布を縫うのではなく、機械が自立的に布を縫っていくような感触なのだという。

ＳＩＮＧＥＲのそばのハンガーには、恒子が仕立て直しを頼まれたという、ブラウスやスラックス、コートなどが掛けられてあった。

「スタンレー・コーシャックでドレスメーカーをやっていたものだから、いまだに友達からコートやスーツの仕立てや手直しを頼まれる。忙しくって。夜なべすることだってあるのよ」

そんな忙しい日々を恒子は楽しんでいるふうでもあった。日系人社会の枠の外で、アメリカ人たちと対等にわたりあってきたことが彼女をたくましくしたのである。

１９８０年に夫が亡くなり、平和テラスに移った。それ以来、恒子は旅行ばかりしている。1988年はアラスカ、その前の年は中国、日本。五年ほど前にはヨーロッパ……。「看護婦さんの学校の先生をしている長女がどこにでも連れて行ってくれる」という。「アメリカ国内で行ったところは数え切れない。ニューヨーク、ワシントンDC、マイアミ、ヒューストン、アトランタ、メンフィス……。あとは、忘れた」

新野恒子はその外交的な性格によって、異文化のアメリカ社会での生活をさほど苦にしなかった数少ない一世女性の一人だろう。長男の妻はアメリカ人だが、気兼ねなどはせず、何でも率直に語り合うそうだ。日本、アメリカという二つの国だけでなく、世界中を旅行した経験が彼女の精神世界を広げたのかもしれない。

恒子は「エクササイズしなきゃあ」を口癖にしていた。病気になると、旅行に行けなくなるからだ。

いつでも出掛けられるように、恒子の部屋の片隅には衣類や洗面具など旅行の必需品を詰め込んだスーツケースが置かれていた。

それでもやはり、日本の出来事が気になる。彼女の部屋のテーブルの上には、新聞社に勤める甥が東京から定期的に送ってくる日本の新聞の束が積まれていた。傍らには、弟の藤山一郎からの近況を知らせる手紙があった。

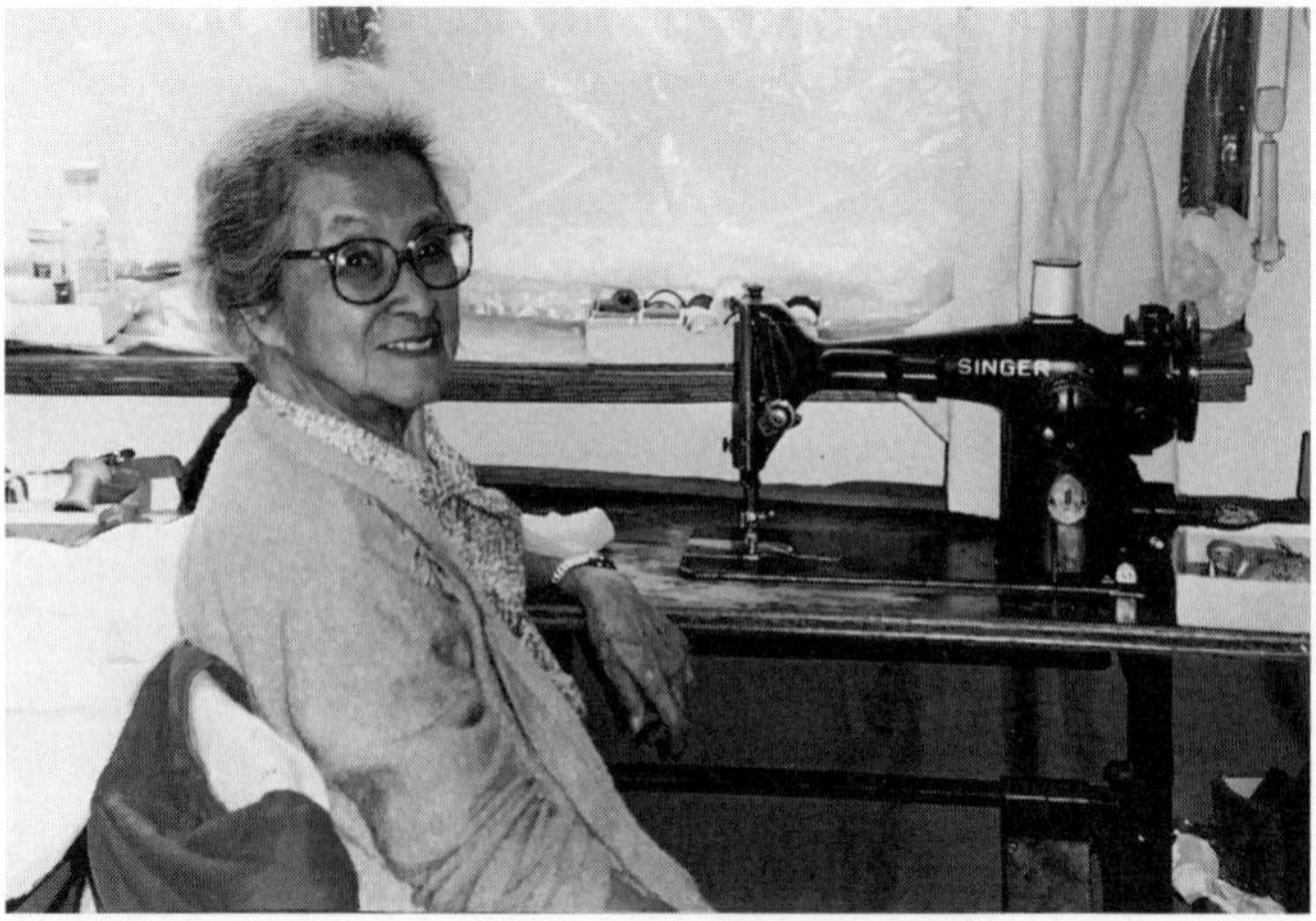

愛用のミシンを前に思い出を語る新野恒子（1989年4月＝鳥海美朗撮影）

序章　日系アメリカ人の肖像

（4） 帰米二世

■契約移民の子

英語を母国語として滑らかに話す。一方で、日本語にもクセがない。

大野勉には、完璧なバイリンガル日系人が発するオーラが感じられた。身長は百五十センチほど。小柄だが、引き締まった体格である。生まれは1899年。もうすぐ九十歳という年齢を感じさせない機敏な動作であった。

自己紹介の時、大野はかぶっていた緑色のベレー帽をとり、深々とお辞儀をした。頭を上げるまでに二呼吸ほどの間があった。戦後生まれの日本人である筆者などは戸惑ってしまう丁重な作法だった。英語か、日本語か。どちらで挨拶しようかと迷っていると、大野はテーブルの上にあったペーパータオルにボールペンで漢字混じりの短文をすばやく書いて見せた。

布哇（ハワイ）ホノルル生まれ、帰米。大野勉

「わたくしは、ホノルル生まれのキベイ二世です」

大野が強調した「キベイ」というのは、アメリカで生まれた後いったん日本に帰り、日本で教育を受けてアメリカに戻ってきた日系アメリカ人二世を意味する。アメリカで生まれ、アメリカで教育を受けた二世とは区別して、「帰米二世」と呼ばれるのである。これに対し、移住先が南米のブラジルやペルーの場合は、帰来《きらい》二世と呼ばれる。

日本人のハワイ移住は明治維新（1868年）と共に始まった。

「わたくしは第一回の契約移民の子です。生まれた時、ホノルルには日本人学校などありませんでした。日本に帰されたのは、仕事をするのに幼児が足手まといになることが主な理由でしたが、それだけではなく、両親はわたくしに日本の教育を受けさせたかったようです」

大野にインタビューしたのは1989年6月。筆者が日系アメリカ人一世たちの聞き取り調査を続けていた高齢者アパート「平和テラス」一階の大食堂であった。

それまでに何人かの一世に取材できた筆者は、続いて二世の話も聞きたいと思った。大野は、筆者の要望を受けた平和テラスのカウンセラーが紹介してくれた人物だった。

当時、一世の多くは九十歳を超え、百歳に迫る人も少なくない状況だったが、二世もまた、高齢化が進んでいた。まもなく九十歳になる大野は二世の中では最年長世代の一人だ。平和テラスの大食堂で大野の話を聞いた。昼食の時間は過ぎていて、私たち以外には六、七十代の男性一組がいただけだった。

大野は、「帰米」という言葉を何度か、やや大きな声で口にした。そのたびに二人の男性が反応し、こちらに視線を向けたのを覚えている。怪訝に思ったが、その時の筆者は、「帰米二世」についての日系アメリカ人社会の複雑な受け止め方を認識してはいなかった。

■船乗りになる夢

大野勉は自己紹介の後、こう言った。

「若いころは、船乗りでした」

動作からかくしゃくとした印象を与える大野ではあったが、記憶の一部は薄れつつあるようだった。時の流れの中を行ったり来たりしながら、大野は正確な自分史を語ろうとしていた。

大野は四歳の時、ハワイから広島市内の父親の実家に連れて行かれ、祖父に預けられた。

日露戦争（１９０４～０５年）から第一次世界大戦（１９１４～１８年）につながっていく時代だった。昭和に入ると、やがて日本を軍国主義の暗雲が覆い始める。

「兵隊がよく家に来て、泊まっていったのを覚えています。学校（旧制中学）にも陸軍中尉の教官がいて、（軍事教練では）銃をかついで走らされたものです」

祖父は孫を「日本人」として育てようとし、大野自身もまた、懸命に「祖先の国」に同化しようとした。だが、周囲は彼のことを「奇妙な日本人」とみていた。近所のガキ大将たちは事あるごとに「移民の子」とはやし立てた。

この愉快ではない体験が「船乗りになりたい」と思うきっかけになったのだろう。

「貧乏な家でしたから、とても中学より上の学校へは行かせてもらえない。そこで、船乗りになれば、ややこしい日本の因習からも解き放たれて、世界中を回れると考えたのです」

日本の船会社に就職し、下働きから始めて、我慢と努力を重ね、資格の証明書である「船員手帳」を手にしたのは１９２２年、二十三歳の時だった。イギリスなどヨーロッパ各国、アフリカ、インド、そして中国と、念願の世界巡航を果たした。ノルウェー丸という五千七百トンの貨物船に乗っていて、南アフリカのケープタウン沖で大シケにあったのが唯一の恐怖の体験だった。過酷な労働を強いられる仕事ではあったが、大野にとっては夢の実現には違いなかった。

ところが、この当時の日本の船員の世界というのは徹底した年功序列社会で、親分・子分関係でがんじがらめになっていた。自由の国アメリカに併合（１８９８年）されたハワイに生まれ、幼いころを過ごした大野にとっては、受け入れがたい封建的社会だった。

「とにかく、理屈は通らない。理由もなく先輩に殴られるのです。大海原に出ているのに、狭い島国にいるのと変わりはしない。軍隊と同じでした」

大野は日本人の船員たちの中では自分は異分子なのだと判断した。第二次大戦が始まる前に、大野は日本の船会社をやめ、いとこを頼ってハワイに戻った。

日米開戦前後のことになると、大野の記憶はかなりあいまいになり、「両親がいつまで健在だったのか、はっきりしません」とさえ言う。定かではない、というより、思い出したくない記憶だったのかもしれない。

繰り返し聞いてみたところ、大野がアメリカの船会社に勤めようとしたことがわかった。しかし、これは実現していない。ただ、ハワイ生まれの大野には米国市民権があったから、ジープなど米軍の車両のドライバーとして雇われたこともあったようだ。

しかし、そんな穏やかな日々はほんの束の間だった。日米開戦後、大野も他の日系人たちと同様、強制収容所での生活を経験することになる。

■「軍隊は好きじゃない」

大野が強制収容所での写真を見せてくれた。セピア色に変色している。裏側に毛筆の文字があった。

《1943年、鶴嶺湖収容所》

カリフォルニア州にあった「ツールレイク・キャンプ」のことである。その写真には、警官の制服を着た大野が写っていた。

「キャンプでは建前上、自治が認められていました。私はポリスでしたよ、車の運転の腕がありましたから」

強制収容所は英語では「リロケーション（移転）センター」とも表記されていたが、武装兵に監視された収容施設であることに変わりはない。しかも米国十六州に約三十カ所あった収容所のうち、大野が送られたツールレイク・キャンプは米政府に忠誠を示さないとされた日系二世が送られた施設であった。建前では自治が認められていたとはいえ、良好な待遇であるはずはなかった。

毛筆では「鶴嶺湖」と書くキャンプで、当時の大野は日本とアメリカという「二つの祖国」にどんな思いを抱いていたのか。筆者はいろんな角度から質問を繰り出し、答えを引き出そうとした。だが、記憶が薄れているのか、答えたくないのか。収容所時代の出来事については大野の口は重かった。

ただ一つ印象的であったのは、日本で教育を受けた「帰米二世」であることを強調する大野がはっきりこう言ったことだ。

「軍隊は、好きじゃないいな」

大野はおそらく、日系アメリカ人の中の二つのグループ（米国への忠誠組と不忠誠組）のいずれとも感情を共有できなかったのではないだろうか。

■ドライバーの誇り

やがて、戦争は終わった。収容所の外に出た大野はシカゴへ向かった。長い船員生活で婚期を逸した彼は気楽な独身生活を送ろうと心に決めたという。二十回ぐらい職を変えた後、タクシーのイエローキャブの運転手になった。

「私の英語は流暢ではなかったけれど、お客さんが告げる行先の通りの名前を正確に復唱することができた。シカゴの街は隅から隅まで知り尽くすようになったから、お客さんを間違った場所に連れて行ったことは、一度もありません」

アメリカ中西部の都市シカゴは、強制収容などで北米大陸を漂流せざるを得なかった移民たちが流れついた湖の畔であった。カリフォルニア州ほど反日感情が強くなく、確かに日系人が安らぎをおぼえる土地柄だった。

大野はタクシーの客がいない時、よくミシガン湖畔通りでキャブを走らせた。シカゴにはロサンゼルスのような日本人街はないが、すしバーも開店して、そこに立ち寄ると心がなごんだという。

六十歳を過ぎたころになって、若いころにはあれほどうとましく思われた日本に、不思議な懐かしさを覚えるようになった。

「日本に帰りたいという気持ちではないのです」

あえて説明すれば、せめて心の中にははっきりとしたふるさとを持ちたいという願望といえるだろうか。

「残された人生、何か日本のために役立つことがしたい」と大野は思うようになった。だから、ドライバーとしてのキャリアを見込まれ、在シカゴの日本総領事館が雇ってくれた時はうれしかった。公用車のキャデラックに総領事を乗せ、目抜き通りのミシガン街を走る時には、何とも言えない誇らしげな気持ちになった。

総領事館に勤めた十六年間は、大野にとっては初めての「定住生活」だったといえる。彼が持っている写真のほとんどは総領事館時代のものだ。かつての総領事の妻はずっと後になって大野に手紙を送ってきた。

「あなたに日本語学校まで送り迎えをしていただいた息子が、もう大学生になりました」

平和テラス一階にある大野勉の部屋に入ると、リビングルームの真ん中に大きな画架が据えられ、そのまわりに絵の具や絵筆、パレットなどが並べられていた。絵を描くのは子どものころからの趣味だという。

後になって気付いたことだが、平和テラス内の集会室などあちこちに大野の作品が飾られていた。ほとんどが風景画で、しかも港の風景が多い。

「(ミシガン湖の)コルネット・ハーバーです。港はいい。若いころを思い出します。やっぱり、海はいい」

作品の中で岸壁に係留されているのはみな、日本の貨物船のように思われた。それが忠実な写生なのか、彼の心象風景なのかは、筆者にはわからない。

大野の運転免許証は1990年までの期限だったが、すでにハンドルは握らなくなったという。だから、港にも絵を描きに行かなくなった。

代わりに写生の対象に選んだのは京都の金閣寺。その日本の代表的建築物を彼自身は一度も自分の目で見たことがない。知人がくれたカレンダーの写真をお手本にしている。

「何しろ、日本で暮らしたのはほんのわずかな期間だったものですから」

心の中に感知できる限りの日本の風景を描こうと、大野は絵筆を走らせるのだった。

《注》この序章で取り上げた日系アメリカ人四人（女性三人、男性一人）の方々について、筆者は今回の執筆にあたってシカゴの「平和テラス」事務局に、四人のその後の消息を問い合わせたが、「申し訳ありませんが、個人情報に属する事柄であり、お答えすることはできません」との返答だった。

第1章

なぜ、何のために

（1）海外協力の原点

■理事長の回顧

１９６２年に設立された日本財団が海外協力援助事業に乗り出したのは１９７０年代の前半である。海外協力援助実績のデータベース「日系人支援」の項をたどってみると、初期のころの事業として、次のような記録が残っていた。

１９７４年度
【ボリビア多民族国】
▽日本庭園の造園資材　千五百万円
１９７７年度
【ブラジル連邦共和国】
▽アマゾン日系人病院別棟建設　一億円
▽老移民救護事業運営基金　一億円

【アメリカ合衆国】
▽シアトル養護老人ホームの増設　二千九百五十一万円
1978年度
【ペルー共和国】
▽移民資料館の建設、運営基金　一億円
1979～80年度
【アメリカ合衆国】
▽日米文化会館の建設　一億四千二百二万円

日本財団の海外協力援助事業として、これらは先駆けのプロジェクトだった。

当時の出来事を詳しく語ることができる日本財団の役員は少ない。会長の笹川陽平（1939年生まれ）や理事長の尾形武寿（1944年生まれ）にあたるのが順当である。

1980年に日本財団に入り、1986年11月まで国際業務の第一線に立っていた尾形に話を聞いた。

「日本財団が本格的に海外協力援助を実行し始めたのは1981年度ごろといえます」

確かに1980～81年度の海外協力援助費はポンと跳ね上がっていた。

尾形が1981年度を節目として強調するのには理由がある。日本財団が海外協力援助事業にお金を出すだけでなく、自らの仕事として取り組むためのルールを確立した年であったからだ。

尾形が言う。

「少し回りくどい話だが、聞いてほしい」

日本財団はモーターボート競走法に基づき、多様な社会貢献活動に助成金を出している。しかし、この法律には、海外で行う事業にお金を使うことができるとは明確には書かれていなかった。それでも競走法では、助成の対象は「観光に関する事業および体育事業、およびその他公益の増進を目的とする事業」とされており、尾形によれば、この文言が海外協力援助を行う拠り所となっていた。

日本財団（当時は日本船舶振興会）は国内の助成事業の場合、提出された助成申請を審査し、運輸省（現在は国土交通省）の認可を受けて事業を進める。その際、助成の対象となる事業を所管する省庁の副申書（推薦状）を添え、運輸省船舶局管理課長に提出する必要があった。ともあれ、事はそれで足りた。

日本財団の初期の日系人支援事業について語る尾形武寿（2022年1月）

「これに対し、海外協力援助ではそんなことはできません。まさか、アメリカの大統領やサンフランシスコの市長さんに副申書を請求するわけにはいかない……」

しかも、海外協力援助の場合、運輸省が助成の適否の判断をするのは難しい。そこで、日本船舶振興会の理事長が事務局長となって、当時の外務省大臣官房政策課長と会計課長、そして運輸省大臣官房政策課長と船舶局管理課長の四人が「連絡協議会」を編成し、そこで海外協力援助案件の助成の適否を審査したという。この項の冒頭で紹介した１９７４年から８０年代の初めまでの南北アメリカ大陸での海外協力援助事業はすべて、この「連絡協議会」方式で適否が審議された。助成の規模が一件で一億円以下のレベルならこの連絡協議会方式でなんとか対処できる。

ところが、助成の規模が桁違いに大きい案件が持ち上がった。1979年のことである。日本財団が毎年二十五億円ずつ四年間、計百億円を寄付し、日本人とアメリカ人の相互利益に特化した、米国法によって認可された民間助成団体を設立する計画だった。

当時は日米間の貿易不均衡から両国間の緊張が高まっていた。筆者にも、日本製の乗用車や電気製品がアメリカの各地で叩き壊される乱暴なパフォーマンスのニュース映像を何度も見た記憶がある。そんな状況下、第一には「アメリカ側の日本理解を深める」ことを目的に両国の絆をより強固にし、共通課題に対処するプロジェクトの支援などを行うとする「米日財団」が設立されたのである（本シリーズ書第二巻第3章「試練の半世紀・米日財団と国連中心主義」参照）。

■援助を可能にした知恵

笹川陽平が1981年2月、日本財団の前身である日本船舶振興会の理事となったのもちょうど日米摩擦の最中だった。船舶振興会が日米間の懸案の解消を最大の課題にしていたのは言うまでもない。

船舶振興会に入って最初に取り組んだ仕事で最も印象に残っているのは何か。そう問うと、笹川は真っ先に「米日財団の設立」だと答えたものだ。

「基本財産として百億円を出したいと言うと、まわりの皆が目を剝きました」

笹川は振興会に入る前から、米日財団の設立にかかわり、下準備に奔走していたようだ。

米日財団は１９８０年11月までにニューヨーク市で非営利団体として法人化され、１９８１年には米国歳入法に基づく慈善団体の認可を受けた。前述のように、日本財団としてはその年、米日財団に二十五億円を寄付している。その他の海外協力援助金も計二十五億円だったというから、合わせて五十億円に跳ね上がったことになる。

当時、１９８０年度のボートレースの収益に基づく日本財団への交付金は計約五百四十一億円だったから、その十分の一に相当する金額となる。

「それほど大きなお金が出されるのに、対象となる事業やその使途について何の規程もないのはいかがなものか。きちんとした規程を作りましょうということになったのです」

日本船舶振興会（日本財団）が独自にまとめ、１９８１年６月27日に施行した「海外協力援助業務規程」ではその仕事の内容を次のように定義している。

①海外において発生した地震、火災、風水害、疫病その他の災害による被災者及び災害救助活動に対する緊急的な助成金の交付又は物品の供与
②外国の政府又は公共団体等が行う医療、保健、衛生又は社会福祉に関する事業に対する助成金の交付又は物品の供与
③国際連合（専門機関等を含む）が行う活動に対する助成金の交付又は物品の供与
④前各号に掲げるもののほか、国際協力または国際親善のために財団が特に必要があると認める事業に対する助成金の交付または物品の供与
この規程によって、日本財団が実行する海外協力プロジェクトの内容が理解しやすくなった。それだけではなく、日本財団は海外協力事業を自分たちの仕事として、より具体的に取り組むことができるようになったといえよう。

確かに、海外協力援助業務規程が作られてから、米国や中南米諸国の日系社会に対する日本財団の支援はより明瞭に、つまり、次のような医療・福祉・文化施設などの形となって実を結んでいる。
▽ペルー日系人協会に対する「日秘総合診療所」の増築（１９８４〜８５年度、九千五百七十七万円）

▽ペルーにおける中古救急車や中古福祉車両の寄贈（2007年度、計四千二百七十七万円）
▽ブラジル日本文化協会に対する体育館と文化施設の建設（1986年度、三千万円）
▽サンパウロ日伯援護協会に対する日系老人ホームの建設（2001年度、五千六百五十九万円）

日本財団の初期の海外協力援助実績の一覧表を改めて眺めてみると、支援事業の一つ一つに、草創期の移民一世たちに対する労いの気持ちがこもっているように思えてならない。

尾形は「私が日系人の支援を思いついたのではありません」と言い、続いて日本財団初代会長の名前をあげた。

「やはり、笹川良一初代会長（1899〜1995年）は、海外にいる日系人の開拓移住者を気にかけていた。彼らの中には失敗して困っている人がいる。手を差し伸べたいとの思いがあったのではないでしょうか。勤務であちこちに随行するようになってわかったのですが、良一会長は（日本財団設立の）当初から、海外協力援助の中心に日系人の支援を考えていたように思います。モーターボート競走法にはそうした文言は書かれていませんが、根底には日系人支援の思いが込められていたように思います」

（2）失敗体験を乗り越えて

■苦い教訓

日本財団の活動が国際化したのは、すでに述べたように米日財団の設立が契機となっている。海外協力援助業務規程を作るのに先立ち、日本財団は１９８１年４月、総務部に国際業務課を設置した。日本の政府開発援助（ＯＤＡ）が毎年10％の伸び率を示していた時期だったし、海外協力関係の業務が増えることがはっきりしていたからだ。

少し時間を後戻りさせる。前述の尾形武寿は社団法人・日本船用機械輸出振興会のロッテルダム事務所長を五年間務めた経歴を見込まれ、１９８０年11月、日本船舶振興会（現在の日本財団）に移籍している。そして国際業務課に配属され、海外協力援助業務の担当となった。

それでは、なぜ、日系人関係のプロジェクトが生まれたのか。尾形の話だと、当時の日本船舶振興会会長で、明治生まれの笹川良一は、数十年以上も前に海を渡り、艱難辛苦を乗り越えてきた移民一世を労いたい気持ちが強かったという。そんな志が南北アメリカ大陸で暮らす高齢の一世移民たちにも伝わったのか、各地の日系人団体から支援の要請が相次いだ。

しかし、プロジェクトがすべて順調に展開したわけではない。尾形は自分が最初に担当した事業（１９８０年代初めごろ）の顛末を、ありのままに語った。

一つは、南米アルゼンチンの日系人協会から申請のあった首都ブエノスアイレスの日本庭園建設支援計画。茶室を中心にした本格的な庭園にするので。五十万ドルの支援をお願いしたいということだった。

ところが、日本財団が五十万ドルの資金を送金した直後、アルゼンチンはハイパーインフレ（極端な貨幣価値の下落）に陥り、現地通貨ペソは紙くず同然になってしまった。そして、とんでもないことがわかる。日系人協会は日本財団から受け取ったドルをすでにペソに換金していたのだ。日系人協会は直ちに資金の枯渇状態に陥った。そして、日本庭園の建設工事は中断されてしまったのである。

「日本財団が資金を追加支援しましたが、日本庭園が完成するまでには数年かかったはずです」

もう一つは同じころ、ロサンゼルスの日系人協会からも武道館の建設で五十万ドルの支援要請があった。当時は一ドル＝二百五十円前後だったから日本円に換算して一億二千五百万円ほどであった。ところが、尾形によれば、その資金は日本財団から送られたものの結局、武道館の建設には使われなかった。ちょうど同時期に進行中だった日系人協会の新しい本部ビルの建て替え工事の資金が不足する事態となって、そこで、急場をしのぐために日本財団からの資金が流用されたことが明らかになったのだ。

この問題では、お金が着服されたわけではない。当時のロサンゼルスの日系人社会の重鎮や現地の関係者が全面的謝罪文を書くなど真摯に対応したこともあり、日本財団は資金の流用を容認する決定を行ったという。しかし、助成金の〝目的外使用〟は明らかであり、日本財団としては一大痛恨事であった。

■「シカゴ定住者会」余聞

草創期にあった日本財団の海外協力援助事業では以上のようなトラブルが他でも起きたようだ。本書のまえがきで紹介した米国の日系人支援の社会事業団体「シカゴ定住者会」への支援でも、同じような問題が起きていた。

１９９０年代から２０００年代にかけて日本財団の国際業務を担当していた元職員の一人が、記憶を呼び起こしながら証言してくれた。断っておくが、これも日本財団の助成金が私的な目的で使い込まれた事件ではない。

証言によると、シカゴ定住者会の関係者が実名を名乗ったうえで、郵送かファクスで「シカゴ定住者会の事務局が、日本財団からの助成金の一部を流用している」との内容の文書を送ってきた。流用の数字を示す資料が含まれていたのは言うまでもない。助成金の詳細に通じた通報であった。

この時の日本財団からの支援は「運営基金の設置」にかかわる一億二千三百四十万円の助成であった。基金というのは、原則として、取り崩して使うことはできない。利息や運用益によって捻出したお金を活用して事業を行うのが原則である。ところが、通報によれば、元本そのものを取り崩しており、明らかに原則に反している。

シカゴから送られてきた定住者会の財務資料を点検すると、「日本財団が設置した基金の元本が本来あるべき資産として残っていないように見えた」という。日本財団はシカゴ定住者会に対し、事実確認を求めた。

ただ、証言者は「これは、誰かがお金を持って逃げてしまったという事件ではありません」と繰り返し言った。基金を取り崩したのはルール違反だが、お金は日系人のための事業に真っ当に使われたのが確認されたからだという。

証言者は事例をもう一つ挙げた。

助成をめぐる不正の有無について、ブラジルまで現地調査に出向いたケースだ。日系人組織「アマゾニア日伯援護協会」が運営する病院の増築のための一億三千二十五万円（1999年度）が調査の対象だった。

内部通報者はこの時、より高額の見積もりを出した業者に請負工事が発注されている、助成金の無駄遣いではないかと指摘していた。しかし、現地で関係者から事情を聞き、資料を調べた結果、この案件は契約書に基づき、すべてが理事会に諮って決定されており、支払いの領収書にも不審な点はなかった。

「要は、支払われた工費が高かったか、安かったかが問われていたわけです。しかし、日本財団としては、お金がきちんと支払われているかどうかをチェックするだけです。それ以上はできません」

日本財団が海外協力援助事業に乗り出した最初のころは、お金を配るだけの「補助」事業の色彩を帯び、その大半は実際には国連機関への助成と災害見舞金として使われていた。

それがやがて、何をするかは日本財団が主体的に考える「協力援助」事業へと質的な転換をとげる。その中で、日系人を支援する動きも出てきた。１９８１年に海外協力援助業務規程が出来たことで、「補助」から「協力援助」へという動きは加速されるのだが、病院や老人ホームの建設などを独自で計画し、立案するといった理想の海外協力援助の事業スタイルはなかなか実体が伴わなかった。

支援を受ける側のシカゴ定住者会での〝基金の取り崩し〟や、アマゾンの日系人病院の増築工事をめぐって起きた〝高額発注疑惑〟も、日本財団が新たな「海外協力援助」のありようを模索する中で起きた余波現象だろう。

流用や高額発注についての内部からの通報は、「正直」を本領とする日系人の特質を物語ってはいる。だが、自慢できる話にはならない。

■日系人支援メモ

日本財団ビル（東京・港区）の五階にある笹川保健財団の理事長・佐藤英夫（１９６１年生まれ）にインタビューすると、Ａ４判用紙一枚半に大きな活字でまとめあげたメモ書き文書のプリントを見せてくれた。

佐藤は日本財団に在籍した1992年から2017年までの二十五年間のうち、通算十四年九カ月間、国際業務に携わった。プリントは日系社会の支援事業を担当した時、いつも手元に置いて読み返していたものだ。

見出しに、次のような文言が踊っている。

《日系社会支援のコンセプト
〜何故、何のために、日系人社会を支援するのか？
〜何を目指して、日系人社会を支援するのか？》

メモ書きは、日本財団初代会長の笹川良一、第二代会長の曽野綾子、そして第三代（現会長）の笹川陽平や理事長の尾形武寿がさまざまな機会に述べたコメントを佐藤自身が書きとめておいたもので、のちに集約し、文書化したものだ。言わば、座右の銘である。

佐藤は上智大学外国語学部（ポルトガル語学科）を卒業後、ゼネコンに十年間勤務し、ブラジル駐在も経験していた。

「十年間で民間の営利企業の良いところも悪いところもわかったように思いました。それで非営利の仕事に転向したわけではありませんが、公益的な仕事がしたくなったのです」

就職雑誌で日本財団の職員募集を知って応募した。採用されたのは１９９２年７月。笹川保健財団に移る２０１７年６月まで日本財団に勤務した。国際関係の業務の中でも日系人支援プロジェクトは苦労も多かったが、その分やりがいのある仕事だった。

メモ書きの本文は箇条書きになっている。

佐藤英夫

（１）同じ日本人の血を引き継ぐ同胞に手を差し伸べるのは、当然の責務である。

（２）一世紀に渡り、艱難辛苦を克服し、日本や日本人に対する信頼と尊敬のまなざしを勝ち得てきたのは、移住先駆者とその後継者の絶えざる献身と努力のたまものである。彼らの労苦に報いるのは、我々の責務である。

（３）国により移民の歴史や背景は異なり、また、差別や不当な扱いを受けたのも事実であるが、同胞を受け入れ、その後継者を育んできた人々や地域社会に報いる日系人社会を築くのは、我々の責務である。

ここまでは、伝統的な「同胞」意識に基づく「日本人としての責務」論が強調されている。しかし、この後に「日系人とその社会が評価されることは、日本の国益につながる」との新たな考え方が提示されている。

（4）日本や日本人に対する一般的なイメージは、経済大国、あるいは、電器製品や車など日本製品から想起される表層的なもの。一方、中南米における勤勉、正直、誠実といった日本人に対する評価は、移民先駆者とその後継者の姿にふれた実感からくる。日本にとって、かけがえのない資産である。

そして、何を目指すか。

（5）（日系人の母国と）日本との絆を太くし、国境や世代を超えた新たな輪を作ることにより、各国、各地域の発展へ貢献する日系社会を築いていく……

日本人の美質を保持する日系人によって、日本人は大きな恩恵を受けている。日系人とその社会が評価されることは、日本の国益につながるのである。

佐藤が、日本財団の日系人支援プロジェクトを離れて十年以上経った。佐藤は今、かつて自分がまとめた仕事の理念の覚書を見つめながら、改めて思う。

日本人は、日本人を支えている日系人の存在に気付くべきではないか、と。

（3）身近にいる日系人

■小さなスーツケース

日本財団で2015年4月から約六年間、日系人支援プロジェクトを担当していた大久保郁子（1991年生まれ、2022年6月退職）が、米国カリフォルニア州ロサンゼルスにある全米日系人博物館（Japanese American National Museum）を初めて訪れたのは、日本財団に入って半年が過ぎた2015年10月のことだった。

理事長の尾形武寿に随行し、ペルーの首都リマとブラジルのサンパウロに出張した帰途である。この半年前に上司から、担当するプロジェクト名を告げられた時、大久保は思わず、「ニッケイジンって、何ですか？」と聞き返している。日系人について説明されても、最初はピンとこなかった。そんな大久保にとって全米日系人博物館を見学したことは担当業務の核心を知るうえで大きな意義があった。

全米日系人博物館はロサンゼルス「リトル東京」の一角にある。世界中に居住する日系人を支援するプロジェクトを推し進める日本財団にとっては重要なパートナーだ。日本財

米国に移住した日本人が持っていた旅行用の柳行李＝Japanese American National Museum, Gift of Mary Fusako and Joseph Yoshio Odagiri (87.13.1)

団は全米日系人博物館のために日系人の歴史資料の調査やリスト化などの事業費を支援したほか、２００３年には三百万ドルの基金を積み立て、その運用益をウェブサイトのメンテナンスなどに活用できるようにしてきた。

こうした支援があって全米日系人博物館は、米国を中心とする日系人の足跡を丹念にたどることができる資料を所蔵している。興味津々で二階の展示コーナーに足を踏み入れた大久保の視線は、そこに無造作に置かれていた粗末な旅行用の荷物箱に引き寄せられた。

日本語では行李という。柳の皮を編んで作ったスーツケースであった。十九世紀末に米国に渡った初期の日本人移住者が抱えていたものだ。わずかな衣類と身の回りの品しか入らないほどの大きさだった。

「最初の移住者たちは、こんな小さな荷物箱一つに人生のすべてを詰め込んでアメリカにやってきたのか……」

一大決心をして海を渡った、日本人の移民一世の荷物は、「悲しいほどに小さい」と大久保は思った。

博物館の二階には、第二次大戦中の日系人強制収容所の跡地から移築された粗末なバラック（小屋）の一部も展示されていた。自宅からの立ち退きを命じられた日系人は手に持てる荷物しか持っていくことを許されなかった。その時のスーツケースも展示されていた。苦渋に満ちた当時の生活の痕跡である。どれもが大久保の心を揺さぶる展示物であった。

個人的な事柄に立ち入ることになるが、大久保はいわゆる帰国子女である。父母は共に日本人であり、大久保が生まれたのは日本だが、父親の仕事の関係から一歳から五歳までヨーロッパで暮らした。その後、いったん帰国したが、十歳の時に再びヨーロッパに戻り、高校卒業後は英ケンブリッジ大学に入学し、大学院まで進んだ。修士課程（社会心理学専攻）を修了したのが二十三歳の時だったから、合わせてざっと十九年間も日本を離れていたことになる。疑似的な移民体験といえるかもしれない。

以上の経緯から、近現代史の中でも日系人の登場に密接にかかわる歴史的事実について、日本財団に入ったころの大久保が詳しい知識を持ち合わせていなかったとしても無理はない。

彼らがなぜ、米国にやってきたのか。第二次大戦中は強制収容されていたというが、どのような暮らしをしていたのか……。日本で普通に教育を受けた人でさえよく知らない近現代史の一面なのだ。

大久保郁子

「実際には私自身の先祖が日本以外の国に移住することはなかったけれど、もしかしたら、アメリカやその他の国に移住する可能性はあった。だとしたら、私の祖父母らもまたアメリカに生まれ、鉄条網で囲まれた収容所の生活を経験していたはずです。そう考えたら、心の中の衝撃はおさまらなかった」

事実、日系アメリカ人の強制収容は、大久保の身近にいた友人の家族にも起きた出来事だった。大久保のヨーロッパでの高校時代の親友の一人は日系アメリカ人四世で、彼女は祖父と父親が強制収容所を経験したことをずっとあとになって教えられたそうだ。日米の戦争中、合計で十二万人にも及んだ日系人強制収容の集団体験は、他人事ではない出来事だったと大久保は感じた。

「私は先の戦争について多少は知識を持っていると思っていたし、広島、長崎を訪れたこともありますが、強い興味は湧かなかった。ところが、全米日系人博物館で日系人の歴史にふれたことによって、人々の戦争体験を含む日本の近現代史が、私にとってより鮮明に浮かび上がってきました。日系人のことをもっと、もっと知りたいと思いました」

■親戚はアメリカン

2021年6月、大久保郁子から日系人プロジェクトの仕事を引き継いだ中川瑞貴（1990年生まれ）は広島県の出身である。

「移民には広島県出身者が多いと言われていますが、まさにその通り。私にはロサンゼルスとラスベガスに親戚がいます」

だから、日系人プロジェクトの担当を希望したわけではないが、日系アメリカ人の親戚がいたことが一つの縁となり、それが中川の日本財団における仕事につながっていったのは間違いない。

米国在住の中川の親戚について簡単に説明する。

中川の祖母のおじ・おば夫婦が戦前、広島から米国西海岸に移住した。夫婦は渡米の航海中に生まれた長女を含め四人の娘に恵まれた。

わかりやすく言えば、この娘四人は中川の祖母のいとこにあたる。現在もそろって健在で、うち二人はロサンゼルスに、別の二人はネバダ州ラスベガスで暮らしている。

中川は中学二年の春休み、ロサンゼルスとラスベガスに、これら親戚のおばあさん四人をそれぞれ訪ねている。一番印象に残ったのはやはり、日米戦争中の強制収容所での体験談だった。

「ただ、良い思い出ではないので、詳しい話は聞かせてくれなかったし、当時の私の英語力で

中川瑞貴

はきちんと聞き取ることもできませんでした」

しかし、この時の米国旅行によって中川は、かつて想像を超える多くの日本人が北米大陸に移住したこと、そして日米戦争によって日系人が苦難に直面したことを、身近な存在である親戚から、断片的にせよ直に聞き取ることができた。

「あの時の旅行がなければ、私が日本財団に入って今の仕事に携わることも、日系人の移民について考えることもなかったかもしれません」

国際協力の分野に興味を抱いた中川はやがて立命館大学の国際関係学部に入学した。そして、「共同学位プログラム」を活用して米国ワシントンDCのアメリカン大学に留学し、二つの大学を卒業している。ただし、すぐに日本財団に入ったわけではない。

2013年4月、大手電機メーカーに就職した中川は最初の三年間は資材調達部門で働いた後、志望していた海外営業部門に配属された。西アフリカのコートジボワールやガーナなどへたびたび出張し、2020年3月までは南アフリカに駐在していた。

中川はコロナ禍で冷や汗をかく思いを経験している。感染の危機が迫っていた2020年3月25日、南アフリカを脱出することになるのだが、ヨハネスブルク国際空港から乗り込んだのはカタールに向かう商用便だった。その三日後、南アフリカではロックダウン(都市封鎖）が行われ、飛行機は一切飛べなくなってしまったから、まさに間一髪だった。

「私は運がいいと、つくづく思いました」

しかし、こういう俊敏なフットワークは、海外出張が多い日本財団では必須であることを、後になって知った。

このちょうど一年後、中川は電機メーカーを退職し、日本財団に移っている。あの時、あの商用便に乗れなかったとしたら、日本財団へ移籍するタイミングを失ったかもしれないと何度も思った。

ところで、中川はなぜ、名だたる大手の営利企業から非営利の公益財団法人である日本財団へ転身したのか。

「国際協力の領域の仕事に取り組むとするなら、やはり民間企業でできることには限界があります。日本財団は、国際協力といっても単に助成しているだけでなく、自分たちで事業を立案し、実行しようとしている。そこに魅力を感じたのです」

世界の各地に住む日系人、あるいは日系社会に何か困っていることがあれば、手助けをする。それだけでなく、世界中の日系人と日系コミュニティのパワーを糾合し、「ニッケイ」の存在感を発信することができないかと中川は思っている。

「日本」や「日系」に加えて、もう一つ、「ニッケイ」という新たなジャンルが生まれてもいいと中川は思ったりしている。

第2章

世界各地の同胞たち

（1）日系ペルー人の特質

■気骨ある律義者

尾形武寿が日本船用機械輸出振興会から日本船舶振興会（現在の日本財団）に移ってすぐに担当したのは世界中の日系人を対象とした支援プロジェクトであった。尾形が三十代の半ば過ぎのころである。

日本人の海外移住は明治維新の王政復古（1868年）と共に始まった。最初の移民先はハワイ、続いて米国本土やカナダ、そして中米へ。さらに南米のペルーやブラジル、アルゼンチンなど十数カ国に広がった。

日本から海を越えてさまざまな国々に移り住んだ人たちがいた。移民一世に始まり、二世、三世……。連綿と続く群像に接するうち、尾形が痛感したのは、彼らを単純に「日系人」という一括りの集団としてとらえることはできない、ということだった。尾形は多様な日系人たちを知るようになり、やがて、日系人の特質は、移住した国ごとに微妙に異なることを認識するようになった。

日本人の海外移住、初期の動き

1868(慶応4)年	徳川幕府の渡航許可を得た約150人が5月17日、横浜港を出港。ハワイ(サトウキビ耕地など)への最初の集団移民となる。10月、明治と改元されたことから彼らは「元年者」と呼ばれた。しかし、明治政府は「無許可だ」とした。
1885(明治18)年	明治政府とハワイ王国(当時)との政府間契約による「官約移民」が開始。
1894(明治27)年	三年契約の官約移民が終了。計2万9千人余りにのぼる。
1898(明治31)年	米国がハワイを併合。
1899(明治32)年	ペルーへの第一回移民790人が「佐倉丸」で横浜港を出港。4月3日、ペルー・カヤオ港に到着。
1908(明治41)年	ブラジルへの集団移民は4月28日、神戸港を出港した「笠戸丸」に乗り込んだ781人に始まる。コーヒー農園での就労が目的。ブラジルへの移住者は戦前だけで約18万8千人にのぼった。

「興味深いのは、各国の日系人たちが持つ共通項よりも、国ごとに異なっているそれぞれの特質ですね。アメリカにいる日系人とブラジルにいる日系人、そしてペルーにいる日系人……。彼ら一人ひとりが移住先の国に自らすすんで同化したのかどうかはわかりませんが、日系人たちが国ごとに異なる雰囲気を持っているのは事実です」

その中で尾形が「一番きちっとしている」と表現するのはペルーの日系人である。ただし、これは尾形の個人的な評価に過ぎない。もちろん異論もある。しかし、尾形には「日系ペルー人ほど律義な人たちはいない」と確信するに至った経験があった。

ペルーの首都リマの中心部、ヘススマリア地区にペルー日系人協会が運営する外来医療施設「日秘総合診療所」がある。日本人ペルー移住八十周年記念事業の一つとして1981年に完成した。治療費が比較的安いこともあって、日系人だけでなく、多くの一般市民が診察を受けにやってくる。

この総合診療所の拡張計画が持ち上がり、ペルー日系人協会が日本財団に助成を申請してきた。1984年度から85年度にかけての事業で、申請額は両年度で計四十二万ドルだった。

申請にはペルー日系人協会の会長が一人で来日し、まず外務省を訪ねて紹介状を受け取る手順を踏んで日本財団にやってきた。丁寧に筋を通すやり方だった。

「もちろん、申請を受け入れました。初年度は二十二万ドル、翌年度には二十万ドルを助成すると約束し、手続きを進めました」

ところが、翌１９８５年になって、ペルー日系人協会の会長から思いがけない連絡が届いたのである。

「二年目は二十万ドルではなく、十万ドルの助成でお願い致します」

「しかし、あと十万ドルはどうなさるのですか？」

「おかげさまで、自分たちでなんとか工面できたのです。ありがとうございました」

このやりとりの後、日系人協会の会長は日本財団に対し、遠慮がちに、次のような別の寄付を打診している。

日本財団の助成によって総合診療所を拡張することができた。感謝の気持ちを込めて、是非にも笹川良一・日本財団会長（当時）の胸像を建立したいが、余分の資金がない。厚かましいお願いではあるが、別途で胸像建立費の寄附を賜りたい……という趣旨であった。

十万ドル分の寄付の受け取りを辞退する代わりに、胸像の寄付を要請する。しかし、胸像の金額は十万ドルよりはるかに少ない。ペルー日系人協会の申し出は、日本財団の助成に感謝し、その一方で自助努力も忘れない日系ペルー人の気概を示していると尾形は受け止めた。

尾形はその後、何度もペルーを訪れているが、日系ペルー人が集まる会合や式典などに出席する機会をとらえては、日秘総合診療所の拡張の際に日系ペルー人たちが示した心意気に感動した体験を語り続けた。

ペルー日系人協会が運営するリマ市内の医療施設はヘススマリアの日秘総合診療所のほかに、日本政府や日本財団などの支援で2005年末に開設した「日秘移住百周年記念病院」(十四階建て)がある。2009年6月12日、この記念病院の増設着工式に駆け付けた尾形はスピーチで、四半世紀前に日秘総合診療所で起きた出来事をどうしても語りたくなった。

「ヘススマリアの総合診療所の増設にあたり、日本財団は最初の年は二十二万ドルを拠出しました。翌年、残りの二十万ドルを拠出する予定だったのですが、ペルー日系人協会の会長は『十万ドルで結構だ』と言い、それでは建設費が不足するではないかと私たちが問い正すと、寄付を募って集めたから大丈夫だと言うのです。これには本当に感激しました」

尾形は続けた。

「もし総額二十万ドル（の寄付）が約束されていたのであれば､受け取るのがふつうです。しかし、ここ（ペルー）の日系人社会は違った。自分たちでも努力し、お金を集めたのです。私たちは、この病院（日秘移住百周年記念病院）の一期工事、そして増設でも支援しました。私たちが支援を決定したのは、皆さまの正直な心に応えたいと思ったからです」

百周年記念病院の利用者も日秘総合診療所と同様、九割以上が日系人以外だという。日系人がペルー社会に果たした役割を象徴する数字であり、同時に日本人が誇らしく感じるデータでもある。

リマ市にある日秘移住百周年記念病院。ペルーの一般市民が厚い信頼を寄せる医療施設となった（2022年8月＝和田真撮影）

■「ふるさと」の合唱

２０２１年６月までの六年余り、日系人支援プロジェクトを担当した大久保郁子にもまた、日系ペルー人について、確信している肯定的評価がある。世界中の日系人組織の中で、とりわけ強い結束力を感じたのがペルー日系人協会であった。

「国土が広いブラジルには四百以上もの日系団体があり、各団体がそれぞれの地域に合わせて活動しているので、どうしてもバラバラになりやすい。その点、ペルーは首都リマに日系人の人口も組織も集中しているので、結束しやすく、財政基盤も強い」

これはペルーがすべての面で上位にあり、ブラジルが下位だという優劣の判定ではない。日系ブラジル人の人口が約百九十万人と多数であるのに対し、日系ペルー人は約十万人とコンパクトな規模で、大半が首都・リマに居住し、まとまりやすいことも影響している。日秘総合診療所や日秘移住百周年記念病院の増設計画でスムーズに寄付が集まったのも、以上の背景があるからではないか。

大久保はさらに、日系ペルー人の特質を語った。

リマ市内の日秘文化会館内の一階にある応接室にはペルー日系人協会の歴代会長の肖像

写真が掲げられているが、それが二つのグループに分かれているのが興味深いという。

日秘文化会館のホームページによれば、日系ペルー人の組織は以前「ペルー中央日本人会」と呼ばれていたが、1984年に「ペルー日系人協会」と名称が変更された。それ以降、応接室の出入り口を入って右側には「ペルー中央日本人会」時代の歴代会長の肖像写真が並び、左側には「ペルー日系人協会」に変わった後の歴代会長の肖像写真が並んでいる。

変更の理由はホームページで特に説明されていない。しかし、大久保の話を聞いていると、その理由は合点がいく。

大久保の経験によれば、ペルーの日系人に「あなたはペルー人ですか？　それとも日本人ですか？」と二者択一を迫るような問い方をすると、当然だが、不快感を示されることが多い。多くの日系ペルー人が口にする「私の心は（ペルーと日本の）どちらにもありま す」という返答は、「50％がペルー人で、50％は日本人」だという意味ではないのだ。強いて言うなら、「100％ペルー人で、同時に100％日本人」であると受け止めてほしいとの意味が込められているのである。

であるなら、組織の名称も「日本人会」というより、「日系人協会」と呼ぶ方が妥当だろう。

以上のような、日系ペルー人のアイデンティティーにかかわる問題に直面する一方で、大久保は次のような経験もしている。日系人支援プロジェクトの担当になって間もないころの、初めての出張の際の出来事だった。リマ市の北郊にある老人ホームに寄贈する小型バスを届けに行った時のことだ。

大半が一世だというお年寄りたちが迎えてくれた。その時の情景を大久保は忘れないでいる。

兎追いしかの山　小鮒釣りしかの川……

学齢期の大半は海外で過ごし、いわゆる帰国生徒だった大久保にとって、日本の唱歌には馴染みはなかったが、この「ふるさと」のメロディだけは心にしみた。お土産に持っていった羊羹を口にし、目を細めたお年寄りの表情に、大久保は正真正銘の「日本人」を見た。それは、同じルーツをもつ人間同士の魂のふれ合いでもあった。

■特異な日系大統領

国際協力機構（ＪＩＣＡ）海外移住資料館（横浜市）によると、ペルーへの第一回移民団が乗った「佐倉丸」が横浜港を出港し、ペルーのカヤオ港に到着したのは１８９９（明治三十二）年４月３日であった。移民団はサトウキビ耕地の労働者として四年の契約を結んだ七百九十人の男たちである。第二回以降は女性を含む家族移民が送り出されるようになった。契約満了後は都市に仕事を求める人も増え、次第に日本人による団体や組合が設立され、リマには日本人学校が開校された。１９２３年までに、八十三回の航海で一万八千七百二十七人の契約移民がペルーに渡っている。

１９３０年代に入って日米関係が悪化すると、親米国のペルーでは反日感情が高まり、１９４０（昭和十五）年には日本人商店が襲撃される暴動が起きた。１９４１年には日米戦が勃発し翌42年、ペルー政府は日本との国交を断絶、日本人の外交官や有力者を米国の戦時収容所に強制移送した。日本人資金の凍結や財産没収も行われた。

終戦後、日系人は積極的にペルー社会への同化の道を選んだという。日系二世は高学歴者が多く、医師や技術者、弁護士、薬剤師などを輩出している。

こうした歴史の流れの中で、勤勉、忍耐、我慢といった日系人の特質は一世から二世、三世へと引き継がれていった。とくに日系ペルー人の場合、他国の日系人よりも一層自己抑制的であると尾形は感じている。

余談だが、ペルーの日系人と言えば、どうしてもふれなければならない人物がいる。アルベルト・フジモリ（１９３８年生まれ）。第九十一代のペルー大統領である。ペルー政界に彗星のように現れたフジモリは１９９０年の大統領選で当選した。破綻した経済を立て直し、過激派武装組織の掃討や麻薬の撲滅で成果をあげた。１９９６年12月に起きた日本大使公邸人質事件では公邸を占拠した武装グループ「トゥパク・アマル革命運動（ＭＲＴＡ）」と妥協せず、事件発生から四カ月後の１９９７年４月、軍特殊部隊を突入させ、解決に導いた。ＭＲＴＡの十四人全員を射殺した反面、ペルー人人質一人と兵士二人が救出作戦中に死亡する犠牲を払ったが、日本人二十四人を含む人質七十一人は救出された。

フジモリ大統領はテロに対して断固として戦う毅然とした姿勢が高く評価される一方で、強権的な政治手法がしばしば批判を浴びた。大統領三選を果たして四カ月後の２００

0年9月、側近が野党議員に買収の現金を渡す録画映像が暴露されたことが命取りとなり、ブルネイでの国際会議出席後に立ち寄った東京で辞意を表明した。

それから約五年間、フジモリは日本で事実上の亡命生活を送ったが、政治的な野心は消えてはいなかったようだ。2006年ペルー大統領選への出馬を表明した直後の2005年11月、日本の知人らには連絡をとらないまま独断で出国した。結局、チリで二年間軟禁状態におかれた後、2007年9月にはペルーに移送され、警察施設に収容された。フジモリは、左翼ゲリラと疑われた住民十五人が射殺された事件と大学から十人が拉致され、射殺された事件に関与した罪などで訴追され、いずれも禁錮二十五年の刑が確定している。

勤勉、忍耐、我慢といった日系人の特質を日系ペルー人であるフジモリもまた保持しているのは間違いないだろう。それにしても、フジモリは失脚後もけっして権力への執着を隠そうとしなかった。ある意味で特異な日系ペルー人といえるかもしれない。

挿話　日秘百年の架け橋

■三世三人の合作

ペルーの首都リマのヘススマリア地区の公園「カンポ・デ・マルテ（軍神広場）」の一角にひときわ目立つ建造物がある。

長さ二十メートルほどの弧状の橋で、頂の高さは五メートル以上もある。コンクリート造りのがっしりした形状で、日本の神社などで見られる太鼓橋がモチーフになっているように思える。現代的であって、かつ日本の伝統美を併せ持つ。不思議なモニュメントだ。

このユニークな橋は１９９９年５月、日本人のペルー移住百周年を記念し、地元の建設実行委員会が約十万ドルを投じて造った。日本とペルー両国交流の先導役となった人々の足跡をしのぶモニュメントである。名称は建設の趣旨そのままに、日秘両国の「架け橋」となった（注＝ペルーの国名には日本語で「秘露」の漢字があてられている）。

リマで行われた日秘移住百周年の一連の記念式典には、日本から皇族を代表して当時の紀宮清子《さやこ》内親王殿下が出席され、フジモリ大統領（当時）の招きで「架け橋」の除幕式にも駆けつけられた。そのもようを筆者は取材している。

誰が、どんな思いを込めて「架け橋」を設計し、仕上げたのか。百周年記念実行委員会に聞いたところ、すぐに明快な回答が跳ね返ってきた。

「ペルー移住史の大きな節目を画すシンボルづくりです。今回は建築や芸術といった分野の大御所ではなく、一切を若い世代に任せることにしました」

設計を任せられたのは新進建築家のセルヒオ・サイトウとグラディス・ヒシカワという、いずれも当時三十代の男女建築家である。二人はペルーのリカルド・パルマ大学建築学部の同窓生で、共に日系ペルー人三世だった。

日本とペルーの百年に及ぶ交流を象徴するモニュメントを、という要望にどう応えたらいいか。

ヒシカワは思案を重ねた。

「移民とは、はるかな遠いところから文化をもたらし、到着地で融合しながら新たな文化を創り出す営みでもある。そう考えると、自然に海を越える壮大な橋のイメージが浮かびました」

ヒシカワもサイトウも、柔らかな曲線を持つ日本の伝統的な橋のイメージを生かすことで意見が一致した。そして、サイトウによれば、橋の両側の石段は、ペルーの古代からの石の建造物のイメージであり、「日本とペルーという二つの伝統文化を融合させる架け橋」との思いを込めたという。

日本からの第一回契約移民を乗せた「佐倉丸」がリマ近郊のカヤオ港に到着した1899年4月3日の光景を想像しながら、カンポ・デ・マルテ公園に立ち、筆者は日本とペルー両国文化の出会いを思った。

「架け橋」に西側（ペルー側）から入って進むと、東端（日本）で天に向かってそびえる塔にたどり着く。塔の一面にはカヤオ港に着いた契約移民全員の名前を焼き付けた陶板がはめ込まれていた。

この陶板の記念碑を製作したのが、英国系ペルー人二世を父に、そして日系ペルー人二世の母をもつ陶芸家のカルロス・ルンシエ・タナカである。移住百周年記念行事の取材で筆者がインタビューした時、タナカはちょうど四十歳だった。

ペルーの名門カトリック大学で哲学を学んでいたタナカは、観光でリマを訪れた岐阜・美濃焼の陶芸家と知り合ったことから進路を大きく転換する。その陶芸家に弟子入りし、一年間修業した。「日本人の焼き物にかける情熱や繊細さにふれた」という。

母方の祖国・日本に行ったもう一つの目的は「自分の中にどれくらいの『日本』があるか、確かめたかったから」だが、一族の家に一カ月滞在して得た結論は「僕はやはり、日本人ではない」との思いだった。

それでも、ペルーに帰って陶芸作品を発表すると、「日本的だ」と評された。誉め言葉ではあったが、何かしら納得できなかった。

今度は父方の流れであるヨーロッパの歴史や文化を肌で吸収したいと思い、米国の奨学金でイタリア・フィレンツェで五年間留学した。絵画から建築物まで、手当たり次第に見て歩き、日本とは異質の「解放された創造の自由」に親しんだ。そして、ようやく「ペルー人の私の中で、日本とヨーロッパが一つになった」という。

タナカの陶芸作品にはルネサンス期の彫刻を思わせる大胆なデザインが多い。それでいて、プレ・インカ文化の壺を彷彿とさせる趣もある。さらに、記念碑の陶板にみられる青と黄と緑の微妙な色合いは、きわめて日本的なのである。

■異郷に息づく日本文化

筆者は、日本人のペルー移住百周年記念行事の取材ノートをさらに読み返した。

当時話を聞いた日系ペルー人二世の詩人ホセ・ワタナベ（２００７年死去）の父親は岡山県出身の一世、母親はスペイン系ペルー人である。１９８７年に出版したワタナベの詩集『言葉を紡ぐ』はペルー現代詩の代表的作品との評価を受けた。英訳された詩集もある。

ワタナベは自分の詩について、自ら語ってくれた。

「私の詩はよく、ビジュアルだと評されます。多分、日本の俳句の影響を受けているからでしょう」

例えば、松尾芭蕉の「古池や……」にしても「荒海や……」にしても、きわめて視覚的だ。

「風景に接した時、それを言葉でくどくどと説明する必要はない。ただ感動すればいい、と芭蕉は言っています」

ワタナベの父親は一世には珍しくスペイン語に習熟していた。第二次大戦前後の反日感情による迫害を逃れるのに、二世（つまりペルー国籍）だと偽る必要に迫られたからでもあったらしい。

そんな父親が「桃太郎」や「浦島太郎」といった昔話や日本のことについて、スペイン語で語り聞かせてくれたのだという。日本の古い面影を引きずっていた父親だったからこそ、「純粋な日本の文化を私に伝えてくれた」とワタナベは思っていた。

スペインの国立ビジャレアル大学の建築学科を中退して創作活動に入ったワタナベだが、「言葉（スペイン語）を愛すること」や「日本文学の手ほどきをしてくれた父親の影響」が活動の基盤になっていた。俳句だけでなく、芥川龍之介、三島由紀夫、川端康成、谷崎潤一郎といった著名作家の作品を片っ端から読んだ。「私だけではなく、日本文学の影響を受けた作家はペルーには少なくありません」とワタナベは指摘していた。

有史以前、地続きだったアジア大陸からたどり着いたとされるペルー先住民族インディオと日本人は人種的には同じモンゴロイドに属する。ずっと後、ペルーはスペイン人による植民地支配を経験するが、その精神風土ははるかな日本列島とどこかでつながっている。ワタナベはそう信じていると語っていた。

ある文化集団が移動し、海を渡ってよその大陸に移動する。文化が融合し、新たな文化となっていくためには、受け入れる集団の側の扉が開いていなければならない。

扉の中に入り、未知の文化に溶け込もうとした人たちがいた。二つ、あるいは三つの文化を引き継ぐその人たちの創作活動は、日系人がペルーに根付いたことの証しであり、新たな文化の誕生だといえるのではないか。

＊この項は、筆者の取材による１９９９年５月25日付産経新聞夕刊《遥かなる祖国への「架け橋」日本人ペルー移住百周年》と、同年６月３日付産経新聞夕刊《異郷に息づく日本文化》の二つの記事をもとに、筆者自身が修正・加筆し、再構成しました。

日本人のペルー移住百周年を記念し、リマ市内の公園に建設された架け橋（2022年8月＝和田真撮影）

1999年5月に行われた完成記念式典には紀宮清子内親王殿下（当時）が出席された。右は当時のフジモリ大統領（鳥海美朗撮影）

（2）ブラジルの理想郷

■地球最大の日系人社会

日本財団がこれまで支援を続け、これからも支援を続けようとしている「日系人」という群像について、論考を続けたい。

本書で筆者は世界各国の日系人について、国ごとに異なっていると思われる特質を素描しようと試みている。すでに序章で三人の日系アメリカ人一世と一人の二世の個人史を紹介した。そして、この第2章では南米の日系ペルー人について印象的なエピソードを書き込んだ。となれば、日系ブラジル人についても、その特徴的な気風を書き留めなくてはなるまい。

全世界で約四百万人（海外日系人協会による2022年現在の推定）とされる日系人の居住国別の人口を調べてみると、最も多いのがブラジルの百九十万人。第二位の米国（百四十八万人）を大きく引き離し、ペルー（十万人）の実に十九倍である。ブラジルは移民のスケールがとてつもなく大きく、地球で最大規模の日系人コミュニティが形成された。

ブラジルの日本人移民史や日系人・日系社会に関する調査研究を行う公益団体「サンパウロ人文科学研究所」の日本語ウェブサイト「ブラジル日系移民」によれば、日本からブラジルへの移民は１９０８（明治41）年、日本政府の政策に応じ、コーヒー農園などの労働に従事しようと決意した七百八十一人が移民船「笠戸丸」に乗り込み、サンパウロのサントス港に到着したことに始まった。日本政府は大規模な移民を奨励し、１９４１年までの三十三年間に十八万八千人が移住している。

日本からの移民の中には小作農から自作農になる成功例も生まれた。しかし、１９４１年に日本が連合国との戦争状態に入ると、日本人所有の農場、商店、工場などの一部がブラジル政府に接収される事態となった。戦争は日系人社会にも大きな亀裂をもたらし、終戦後は日本軍の戦勝を幻想的に信じる「勝ち組」と、日本の敗戦を認識するよう呼びかける「負け組」の対立が激化し、テロが続発している。

１９５０年代に入ってブラジル国内の騒乱が沈静化すると、日本から新たな移民の動きが出た。急激な人口増加への対応を迫られた日本政府は再び大規模な移民送り出し政策に乗り出す。１９５２年から73年までの間のブラジル移民は約六万人を数えた。

「『我々の祖先は、殆ど誰もがエンシャーダ（鍬）を手にした』と言われるように、ブラジルにおける日系移民の先駆者たちはそのほとんどが農民であったが、彼らの農業分野での活躍はめざましく、ブラジル経済への重要な貢献を行った」（前出「ブラジル日系移民」から）

日系移民とその子孫はやがて独自の労働倫理をもって政治、経済、学術など多様な分野で活躍するようになる。ともあれ、彼らがブラジル社会に残した（あるいは残そうとしている）足跡は根幹のところで農業と密接に結びついている。

■耕す、芸術する、祈る

ブラジル日系移民の歴史について、以上のような概括的な予備知識を得たうえで、筆者は日本財団とつながりがある日系ブラジル人を紹介してもらい、話を聞いた。シャーリー・ナツ・ヤザキという名の女性で、日本体育大学のコーチングエクセレンスセンター（横浜市青葉区）で助教を務めていた。

少女時代から陸上競技に取り組んだヤザキはブラジルのサンパウロ州立大学で体育教師養成課程を修了。さらにオエステ・パウリスタ大学で体育学士の学位を得た後の２０１４

年、日本財団の奨学制度である日系スカラーシップ「夢のプロジェクト」に合格し、日本ウェルネススポーツ専門学校（東京都練馬区）と日本体育大学大学院のコーチング学系で計五年間学んだ経歴を持つ。ブラジルでの学生時代はサンパウロ州立大学のキャンパス対抗大会の走り幅跳びで三連覇する成績を残したが、「選手としては、それが限界」と見切りをつけ、競技のコーチ（指導者）になる道を選んだ。

ヤザキの出身地は、サンパウロ州の州都から北西へ六百キロメートルほど奥地に入ったアリアンサ村にある広大な開拓地だ。

シャーリー・ナツ・ヤザキ

そこは、「弓場農場《ゆばのうじょう》」と呼ばれている。日本人の父と日系二世の母の間に生まれたヤザキは、ブラジルの開拓地の中でもひときわユニークなこの日系コミュニティを誇りにしている。そこは耕作の地であると同時に、陸上競技の指導者を目指し、日本で研鑽を積んでいるヤザキにとっては、生涯にわたる活動の原点なのである。

弓場農場について、ひと言で説明するのは難しい。

「弓場農場を形作ったのは、『耕す、芸術する、祈る』の三つの要素です。それが、今も続いています」

三つの要素について、ヤザキは説明を続けた。

畑を耕すとは、土と共に生きること。弓場農場では皆、十一歳から畑に出る。農業が基本なのは言うまでもないが、それだけではない。絵を描いたり、ピアノなどの楽器の演奏をしたり、合唱をしたり、あるいはクラシックバレエの練習をしたりする芸術も重視している。入植者たちが一日の農作業を終えてからレッスンに取り組んでいる「弓場バレエ団」は毎年年末には手づくりの木造劇場で公演を行い、近隣から五百人以上の観客を集めるそうだ。

少女時代から陸上競技に取り組んできたヤザキは、芸術を「アート」と呼び、「スポーツもアートの範疇に入る」と主張している。

生活の基本要素にアートを取り入れた理由の一つは、想像力を働かせるところにあったのだが、ヤザキによれば、それよりもアートが持つ「コミュニティ内の和を保つ」作用を期待したからだという。アート＝スポーツは、確かに、人と人との感情的対立を緩和する結果につながる。

そして、日々の三度の食事の前に行うお祈り。キリスト教の信仰に基づくものだが、平穏な日常への感謝の気持ちを忘れないという意味が込められている。

弓場農場は一つの完結した日系コミュニティである。現在は一世から四世までの二十六家族約六十人が暮らしているが、農場内で話されるのは日本語のみだ。

といっても、子どもたちは近辺の幼稚園に入るとポルトガル語を学び、小中学校、高校とブラジル人としてふつうに教育を受ける。学校はスクールバスで五分ほどの距離にある。だから、ブラジル社会から隔離されているわけではない。ヤザキも高校を卒業するまで、そのようにして育った。

「二世が若かった時代はコミュニティの外に出ることが制限されていたようですが、今では排他的なところは一つもありません。私たちより少し前の世代から、農場の外に出て勉強する人が出始めて、私たちの世代になるとさらに増えました。旅行者が農場にやってくることは、ずっと前からありました」

国の支援プロジェクトもあって、農場内の芸術活動の質が上がってきたとヤザキは話した。

ブラジル
弓場農場
(アリアンサ村)
ペルー
リマ
ボリビア
リオデジャネイロ
サンパウロ
チリ
アルゼンチン
N
0
1000km

■二つのルーツ

弓場農場は、兵庫県西宮市塩瀬町名塩の旧家出身の弓場勇（１９０６〜１９７６年）が「大地に根ざし農に生きる文化の理想郷」を築こうと、両親や兄弟ら一族を連れてブラジルに入植したのが起源となっている。

西宮市のホームページなどによると、旧制中学時代は野球の投手として鳴らした弓場は現地で「アリアンサ野球チーム」を結成。それが母体となって１９３５（昭和十）年、「弓場農場」が設立された。

リーダーの弓場は現金や食事など一切を共同所有とし、昼は農業、夜は芸術活動を行う村おこし運動を展開した。この考えに共鳴する人々が農場に集まり、家族のように助け合いながら、自給自足の生活を続ける活動が定着した。ヤザキの祖父母や父もその運動の輪に加わった入植者だった。

農産物を出荷して得た収入は共有財産として扱われ、光熱費や農耕機具の購入、施設修繕などの運営費に充てられる。食事は自給自足が基本で、みんなで育てたものを食べている。みんなで働いて作った農産物を売った収入で家を建てたり、農場では作れない食材を買ったりしている。外出の際に使われる共用の自動車やガソリン代なども農場が負担するが、みんなで働いて稼いだお金で、みんなが支払うという考え方だ。だから、無償ではない。

弓場農場では、一日の仕事が終われば、絵画でも、音楽でも、バレエでも、好きな芸術活動に没入できるという。永住できるかどうかは別として、一度は経験してみる価値のある理想郷かもしれない。

弓場農場の特産は何かと聞くと、ヤザキはまず、12月から3月にかけて収穫されるマンゴーをあげた。しかし、年間を通じての特産と言えば、シイタケや自家製の味噌やジャム、さらに漬物。どれもが弓場農場出身の日系人の郷愁をかき立てる。

「ブラジルにはたくさんの日系コミュニティがありますが、その中でも弓場農場は、そこに暮らし、働いている人たちのおかげで存在し続けています。私たちが誇りに思うふるさとなのです」

ヤザキは子どものころから日本留学を目指していた。留学に付随した目的の一つだった母方のルーツ（兵庫県西宮市）の訪問は実現している。日本で陸上競技の優れたコーチになろうと修業を続けるヤザキはまた、「スポーツを通して日本の文化を学びたい」とも思う。

「ふるさとが二つもある。二つの文化を持っている私はなんて恵まれているのだろうと思います」

（3）全米日系人博物館

■ヒーローの奔走

ロサンゼルスにある全米日系人博物館について、詳しく述べておきたい。この博物館の所蔵品・資料と人材のネットワークを抜きにしては、日本財団が展開している日系人支援のプロジェクトは成り立たないからだ。また、この博物館の展示の中心になっている、第二次大戦中の日系アメリカ人約十二万人の強制収容の体験を詳しく知ることなしには、日系アメリカ人の歴史も、ひいてはこの博物館の存在意義さえも語れないことを最初に強調しておきたい。

なぜ、全米日系人博物館ができたのか。

米国への日本人の移住は一世紀半に及ぶ歴史がある。だが、第二次大戦中の強制収容といった特異な集団体験については米国社会ではほとんど知られていなかった。そこで、日系コミュニティの有志らが立ち上がった。

「日系アメリカ人の歴史の真実を埋もれさせてはならない」

カリフォルニア州には日系人が多く、運動の拠点となる基盤がある。第二次大戦の欧州戦線での勇猛な戦いぶりで知られる日系二世部隊「第４４２連隊戦闘団」の退役軍人らの奔走によって１９８５年、全米日系人博物館が法人として創設された。一方、ロサンゼルス市はリトル東京にあった旧西本願寺羅府別院を買収し、史跡に指定した。こうした経緯があって旧西本願寺羅府別院が全米日系人博物館となり、１９９２年から一般公開が始まった。

ところが、展示スペースが小さすぎることがすぐにわかった。これでは交流センターとしての機能も果たせないと、新しいパビリオンの建設を求める声が高まっていた。

新パビリオン建設のための募金運動の先頭に立ったのは当時、博物館の名誉館長を務めていた上院議員のダニエル・Ｋ・イノウエ（１９２４〜２０１２年）である。第二次大戦中、米陸軍兵士として出征し、欧州戦線では右腕を失いながらも戦闘を続け、任務を完遂した英雄だ。１９５９年に日系人では初めて連邦下院議員となり、１９６３年には上院議員に転じ、連続九期当選を果たした政界の重鎮だった。

「アメリカのヒーロー」である日系人イノウエの影響力は絶大だった。新パビリオンの総建築費は内装や展示用の備品を含めて四千五百万ドルだったというが、その大半は全世界で計四万六千人に及ぶ日系人団体の会員のほか、全米五十州と日本やブラジル、ペルーなど十六カ国計一万千人の寄付でまかなわれた。

「二百五十ドル以上の寄付をした人は皆、博物館のガラスの壁に名前が刻まれる」とのアイデアも成功した。また、ロサンゼルス市は新パビリオンの借地料として「年間一ドルで五十五年間貸与」という破格の条件を提示する形で支援している。

新パビリオンは旧館（羅府別院）と向かい合うようにして建設され、1999年1月にオープンした。カリフォルニア州出身の日系二世の建築家が設計した扇形の二階建て構造で、曲線や動感を強調した外観だ。日本文化とアメリカ文化がらせん状に融合し合うイメージを持たせたという。

館内は展示エリアのほか▽博物館が所蔵する三万点の美術・工芸品、写真、映画・ビデオ、書物などのデータベース管理センターとなる「ナショナル・リソース・センター」▽中央ホール▽教育センター―などがあり、地下駐車場を含めたのべ床面積は四万二千平方メートル。日系アメリカ人の体験を伝えるユニークな博物館として、旧館よりはるかにゆったりとしたスペースが確保された。

1999年1月にオープンした全米日系人博物館の新パビリオン＝写真提供はJapanese American National Museum.

■ノー・ノー・ボーイ

1999年1月22日に行われた全米日系人博物館・新パビリオンのオープニング記念式典のもようを、筆者は現地で取材している。筆者は当時、産経新聞のロサンゼルス特派員であり、日系アメリカ人たちの戦前、戦中、戦後にわたる集団体験に興味を持ち、折にふれて取材を続けていた。ただし、当時の筆者は日本財団の日系人支援プロジェクトについてまったく承知していなかった。

それから二十年余りが経過し、日本財団の事業を探究するドキュメント本に取り組むことになり、再び全米日系人博物館について書くことになった。当時は思いもしなかった展開である。

記念式典の司会を務めたのは、米NBCネットワークで1966年から放映され、ヒットしていたSF映画シリーズ『スタートレック』の操舵手や船長役で知られる日系人の映画俳優、ジョージ・タケイ（1937年生まれ）だった。タケイの父親は一世、母親は二世である。タケイは社会活動家としても知られ、当時全米日系人博物館の理事（のちに理事長）を務めていた。博物館の展示物のテーマの核心は、やはり、日米戦争中の体験であり、タケイの式典におけるスピーチも強制収容所時代の回想が中心だったように記憶している。

筆者はこの記念式典の取材とは別に、ロサンゼルスのジョージ・タケイ邸を訪ね、日系人俳優としてハリウッドの映画界を生き抜いた半生をタケイ自身から聞き取ったことがあった。その時もタケイは強制収容所での体験を詳しく語った。

ジョージ・タケイの経験を紹介するため、ここで改めて日系人の強制収容について述べておきたい。

タケイによると、日米が戦争に突入した１９４１年12月７日（米時間）、タケイ一家は東ロサンゼルスに住んでいた。父親はクリーニング店を順調に経営していたが、「真珠湾」ですべてが変わった。

二カ月半後の１９４２年2月19日、太平洋岸のすべての日系人に自宅からの強制立ち退きを命令する「大統領令９０６６号」が発布される。五歳だったタケイは父母とまだ四歳の弟、そして生まれたばかりの妹と共に、身の回り品だけを抱え、いったんはロサンゼルス近郊の競馬場に集められた。

そこは落ち着き先ではなかった。一家はやがて、ファミリーの名前を書いた札を首に吊すか、胸に付けるかして列車に乗せられ、南部アーカンソー州のキャンプ（収容所）に送られた。住居はバラックだった。

強制収容所は英語では「リロケーション（移転）センター」とも呼ばれていたが、所詮は武装兵が監視する檻の中である。外出の自由はない。カリフォルニア州のほか、アリゾナ、ワイオミング、ユタ、コロラドなど計十六州、約三十カ所に散らばっていて、収容された日系人は約十二万人にのぼった。

一年後、タケイ一家はより環境が厳しいカリフォルニア州北部のツールレイク収容所に移される。移送の理由は、米政府が十七歳以上の日系人に向けた三十三項目の「忠誠質問」に対する父親の回答にあった。

特に問題とされたのは次の二項目である。

《質問27》命令を受けたら、いつ、いかなる地域であれ、米軍の戦闘任務に服するか。

《質問28》米国に忠誠を誓い、国内外におけるいかなる攻撃に対しても米国を忠実に守り、かつ日本国天皇、外国政府・団体への忠節・従順を誓って拒否するか。

この二項目について、タケイの父親はいずれも「ノー」と答えた。日本とアメリカという「二つの祖国」の間で苦悩した末の決断だった。日系アメリカ人の強制収容体験者の中には、タケイの父親のような「ノー・ノー・ボーイ」が少なくなかったという。「ノー」とは、米国に忠誠を誓わないということより、不当な強制収容への抗議を込めた忠誠拒絶の意思表示であった。

戦後、ロサンゼルスに戻ったタケイには忘れられないつらい思い出がある。「通い始めた小学校で、ある日、担任の女性教師が決して私を指名しないことに気付きました。彼女に『リトル・ジャップ』と呼ばれたことに私は深く傷つきました。しかし、後になって、彼女の弟が日米戦で戦死していたことを知りました」

日系人の強制収容について、米政府が公式に謝罪し、補償を行うまでには戦後四十三年の年月を要した。力を尽くした人々の中で、特筆しておきたいのは、日系二世の政治家、ノーマン・ミネタ（１９３１～２０２２年）である。

民主党のクリントン政権下で商務長官（２０００～０１年）、続く共和党のジョージ・W・ブッシュ政権下で運輸長官（２００１～０６年）を歴任したミネタは１９７５年から二十年にわたって務めた民主党の下院議員時代、強制収容された日系アメリカ人に対する謝罪と補償を米政府に求め続け、ようやく１９８８年８月、収容者への謝罪と一人当たり二万ドルの支払いを定めた「市民の自由法（強制収容補償法）」の成立にこぎつけた。

ミネタ一家もまた、日米戦争中、大統領令に基づく自宅強制退去の対象となり、ワイオミング州のハートマウンテン収容所に強制収容された体験がある。市民の自由法に署名した当時の大統領ロナルド・レーガン（1911〜2004年）はこう語った。

「私たちはきょう、重大な過ちをただすために集まりました。ここにいるミネタ下院議員とその家族は、彼が十歳の時に強制収容され、最初は競馬場に送られたそうです。日系人に対する強制収容は過ちであったことを認めなければなりません」

■良心的徴兵拒否

仮に日系人の強制収容という人道上の問題をはらんだ措置を米政府が取らなかったとしたら、全米日系人博物館は作られていなかったかもしれない。

筆者は、このユニークな博物館を中心に据えつつ、日本財団の日系人支援プロジェクトの担当者たちと日系人の歴史をたどることの意義について議論を続けた。

「忠誠質問」についての論考をさらに掘り下げてみる。

筆者自身の新聞記者時代の取材では、強制収容所で突き付けられた「忠誠質問」に対し、もちろん「イエス」と答えた日系二世も多かった。

全米最大の日系人団体である日系アメリカ人市民連盟（ＪＡＣＬ）は当時、「アメリカ合衆国への忠誠を積極的に示すことが日系人の立場を好転させる」との考えから、質問には「イエス」と答えるよう勧める運動を展開した。言うまでもなく、この「イエス」派と「ノー」派のそれぞれに言い分があった。両派の対立は第二次大戦後も長く続いた。

問題は、しかし、「イエス」「ノー」両派の単純な対立だけではなかった。もう少し微妙で、複雑である。忠誠質問には「イエス」と回答しながらも、「強制収容は米国憲法に違反している」と主張し、憲法違反を理由に兵役に就くのを拒否した二世がいたのだ。

この「良心的徴兵拒否」といえる二世グループの一人に筆者はインタビューしている。1999年8月、ロサンゼルス近郊のサンガブリエル市在住のフランク・エミという日系アメリカ人二世（取材時、八十二歳）だった。

証言によると、約一万二千人の日系人が収容されていたワイオミング州のハートマウンテン収容所で1943年春、米政府が忠誠質問表を配布し、性急に回答を求める動きに出た。エミは怒りを抑えることができなかったという。

エミはロサンゼルス生まれだから米国市民権を有する。なので、父親から引き継いだ果物店に二万五千ドルを投資した。ところが、立ち退きと強制収容の混乱でわずか千五百ドルしか手元に残らなかったのだ。

「米国市民としての権利を剥奪された状況下では質問に答えられない」

エミは何よりも釈放が先だと主張した。それでも、米国市民としてのプライドから最終的には忠誠質問に「イエス」と答えている。しかし、釈放要求が認められなかったため、徴兵を拒否した。結局、エミは選択徴兵法違反の罪に問われ、1944年6月、ワイオミング州シャイアンの連邦地裁で懲役四年の実刑判決を受けている。エミは控訴した。そして、戦後の1945年12月、ようやく無罪判決を勝ち取っている。

この徴兵拒否二世たちの主張は、「イエス」派の日系アメリカ人市民連盟による「憲法に保障された権利の主張である抗議をこれまで認知しなかったことを謝罪する」との動きをもたらす一方で、「徴兵拒否者に謝罪することは命をかけて戦った者への侮辱になる」との考えも根強く、完全な和解には至らなかった。日系アメリカ人とは何かを考える際の材料の一つといえる。

日本財団の日系人支援プロジェクト担当者だった大久保郁子は全米日系人博物館への出張から帰国してすぐ、日系アメリカ人二世の兄弟が戦争によって引き裂かれ、兄は米軍兵、弟は日本軍兵となってフィリピンの戦場で遭遇することになる山崎豊子の小説『二つの祖国』を読んだ。博物館で現実の日系人の歴史にふれた直後だっただけに、起こりうる悲劇として感じたという。

大久保は、南米の日系ブラジル人や日系ペルー人と比較してみる時、日系アメリカ人の特質が際立ってくると言い、次のように語った。

「南米の日系人は、昔ながらの日本人の雰囲気を感じます。これに対し、日系アメリカ人は、もちろん日本的価値観を引き継いではいますが、良くも悪くも、ひたすら代表的アメリカ人になりきろうとしているように感じる。強制収容に関する戦後補償にしても、日系アメリカ人はアメリカ人になりきろうと覚悟を決めて勝ち取った。彼らから感じるのは強固な信念です」

■コミュニティの心

日本財団が支援している全米日系人博物館は、日系アメリカ人の体験を後世に伝えることを大きな目的とする米国で唯一の博物館だ。

階段を二階に上ると、常設展コーナーの入り口に文字が掲げられている。

《COMMON GROUND

The Heart of Community》

「共通点　コミュニティの真髄」と邦訳できよう。

展示は明治維新直後から一世紀半にわたるハワイを含む米国への日本人移住の歴史を貴重な写真や所蔵品によって伝えている。旧日本軍の真珠湾攻撃以降の日米戦争中の出来事に焦点を当てつつ、現在の日系アメリカ人のコミュニティの形成と変遷の過程を紹介している。

なぜ、日系アメリカ人のコミュニティを象徴する言葉が「コモン・グラウンド（共通点）」なのか。そこには、世界中からアメリカに来たばかりの人々には、人種が違っても皆、共通点があったからという思いが込められている。英語が話せなかったこと、差別や新しい文化と遭遇したこと……。多くの日系アメリカ人はすべてを肯定的に受け止め、困難に立ち向かってきたと博物館はとらえている。

常設展で最初に見学者の目を引きつけるのは、西部ワイオミング州ハート・マウンテンの強制収容所跡地から移築したバラックの一部だ。説明文はこう書かれている。

▽第一展示室＝ハート・マウンテンのバラック～過去からの教訓　《第二次大戦中、およそ十二万人の日系アメリカ人（日本移民とその子供たち）が強制収容されたことはご存じでしょうか？　……当時、全米にはいくつもの収容所があり、各収容所にはそれぞれ約一万人が収容されました。そして、終戦まで三年余をこのようなバラックで過ごすことを余儀なくされたのです》

以下、筆者が興味を抱いた展示テーマとその説明文を紹介する。

▽十九世紀末＝日本人移民の始まり　《日本人のアメリカへの移民は十九世紀末に始まりました。その理由は様々で、西洋式の教育を求めて渡米した留学生、お金を稼ぐことを目的に海を渡った農民や労働者などがいました。初期の移民のほとんどは、生涯アメリカに留まることを目的にしていませんでした》

▽ハワイへの移民　《日本人の海外移住は１８６８年（明治元年）、「元年者」と呼ばれるハワイへの移民に始まりました。ハワイへの日本人移民の多くは「契約移民」で、サトウキビの農園で働きました。……プランテーションで働く日本人女性の服装に注目してください。これは、日本の着物をハワイのプランテーションで使いやすいようにと、アレン

ジしたものです》

▽アメリカ本土への移民《日本人移民は、アメリカ本土へ広がっていきます。特に西海岸を中心に、各地へ移住しました。オレゴン州やワシントン州の林業地、カリフォルニア、ユタ、コロラド各州の農場などで働いた日本人移民らが実際に使用した道具などを展示会場では実際に目にすることができます》

▽写真花嫁《1908年の（日米）紳士協定によって、新規の日本人契約移民の渡米が禁止されましたが、すでに（米国）国内に在住している一世の配偶者の入国は可能でした。……すでに渡米していた一世の多くは、日本にいる女性と写真を交換し、自らの花嫁を探しました。その結果、多くの女性が新しい機会を求め、写真を交換した男性と日本で籍を入れた後に渡米しました。これが、一般に「写真花嫁」と呼ばれる女性たちです》

（注＝この「写真花嫁」は、日本では見合い結婚と同様に受け止められていたようだが、米国社会では個人の意思を無視した野蛮な風習として、排日論者らによる批判の的になった）

▽二世へのバイリンガル教育《二十世紀初期、日系社会では、コミュニティ情報だけでなく、世界のニュースをカバーする邦字新聞が発行されました。アメリカ生まれの二世

の子供たちは、ボーイスカウトへの参加などアメリカ人としての教育を受ける一方、日本語学校で日本語、日本文化・伝統などを学びました》

▽ハワイの二世の反応《第二次大戦当時、ハワイの総人口の約40％が日系人だったため、一部のコミュニティリーダーなどを除き、ハワイの日系人らは強制収容の対象になりませんでした。アメリカ生まれの二世の多くは、祖国アメリカのためにと米軍へと志願しました》

全米日系人博物館の常設展「コモン・グラウンド」は三十以上のテーマにまとめられ、展示されている。同博物館に行くことができなくても、ホームページにアクセスすれば、九ページにわたってアップされている展示物の写真やテーマごとにまとめられた説明文を読むことができる。

挿話　第442連隊戦闘団

日本列島を出て南北アメリカ大陸などに移り住み、歴史を刻んできた日系人の集団の中で、日系アメリカ人の二世グループほど労苦に満ちた経験を重ねた集団は他には見られない。それは、多くの日系アメリカ人二世が青年期を迎えていた二十世紀の半ばに、第二次大戦（日米戦争）という激動の渦に巻き込まれてしまったことによる。

第二次大戦中の米陸軍に日系二世の若者のみで編制された「第442連隊戦闘団」という部隊があった。本書のまえがきと序章で、筆者が米イリノイ大学シカゴ校大学院の修士課程在学中（1989〜90年）にまとめた日系アメリカ人一世（一部二世）のミニ伝記を掲載したが、じつはその留学中、筆者は第442連隊戦闘団の帰還兵士（二世）についても取材し、一通りの原稿（英文）は書き上げていた。

序章（日系アメリカ人の肖像）で日系アメリカ人一世の物語を紹介した。その後、強制収容や忠誠質問など日系アメリカ人二世が直面した問題にも踏み込んだ。ならば、二世部隊の戦歴にふれないわけにはいかないだろう。日系アメリカ人とはどのような人たちなのかを追究する意味でも、ここで「第442連隊戦闘団」の物語を挿入しておきたい。

■総計一万八千の勲章

「第４４２連隊戦闘団」については退役軍人やその家族らによって多くの回顧録や戦歴の冊子などが編纂されている。それらによると、「第４４２連隊戦闘団」は１９４３年2月、日系アメリカ人二世の志願兵約四千五百人によって編制された部隊である。その三分の二はハワイ出身。残り三分の一は、家族が自宅から強制収容所に送られたアメリカ本土出身者だった。大半が十代、二十代の若者たちである。一年以上もの厳しい戦闘訓練を経た１９４４年5月、戦闘団はイタリア戦線に派兵され、その後、１９４５年5月まで、ヨーロッパにおける代表的な戦闘の前線で奮戦している。

なぜ、この戦闘団の名が広く知られ、米軍関係者の間で特別視されるのか。

その理由は簡潔に説明できる。戦死者と負傷者の総計が一万人近くにものぼり、戦死傷率が最も高い戦闘単位とされるからだ。戦闘団には、米国議会名誉黄金勲章（２０１０年授与）を頂点に、名誉勲章（議会栄誉賞）、陸軍殊勲十字章、銀星章、銅星章など総計一万八千もの勲章が授与された。米軍史上、勲章授与率が最も高い部隊なのである。

ここで、戦後の米国社会に一定の影響を与えた日系二世の中でも特別な人たち、つまり

「第442連隊戦闘団」の帰還兵士たちの体験談に耳を傾けたい。アメリカ生まれ・アメリカ育ちの彼ら日系二世たちは、父祖の国・日本と自らの母国・アメリカの間で思い悩み続けた群像でもあった。彼らの体験を聞き取り、内面に迫ることによって、日本財団が日系アメリカ人を支援する意義が見えてくるのではないかと思う。

ただし、二世の帰還兵士たちにインタビューできたのは、筆者がシカゴの「平和テラス」(本書序章参照)で一世たちの聞き取り調査を行った後の1989年末ごろ。ここに登場する三人の帰還兵士はそろって1910年代の後半生まれで、筆者が取材した折はいずれもシカゴ郊外に住み、皆七十歳を超えていた。その時からすでに三十年余りの年月が流れている。三人が健在であるかどうか、筆者は確認できていない。

■テキサス大隊を救出せよ

米軍が奮戦した第二次大戦のヨーロッパ戦線の戦いで、最も多く語り継がれているのが、1944年秋のフランス北東部ボージュの山岳地帯で繰り広げられた「失われた大隊救出作戦」である。幸運なことに、筆者はこの作戦に携わった日系二世兵士三人を探し出し、個別に対面で取材する機会を得た。シカゴの邦字紙編集長を務める日系コミュニティの長老の紹介があったからだ。

取材に先立ち、筆者が資料を読んで事前に学習した戦況は概ね次の通りだった。

ボージュの山岳地帯で、米陸軍第141連隊第1大隊はドイツ軍の重囲に陥り、退路を完全に絶たれてしまった。第1大隊は「テキサス大隊」の通称で呼ばれ、精強を誇る米陸軍の象徴的な存在だ。米軍としては絶対に救出しなければならない部隊であった。

そこで、フランス・ドイツ国境の山岳地帯で激しい戦闘を繰り広げていた第442連隊戦闘団にテキサス大隊の救出命令が下った。「いかなる犠牲を払っても救出せよ」という。のちには勇猛果敢な戦闘ぶりで知られるようになる日系二世部隊だが、この時は十分な休養をとれないままボージュの森に向かい、待ち受けていたドイツ軍との激戦に突入することになった。

西海岸ワシントン州出身のスミオ・ビクター・イズイ（1918年生まれ）は「第442連隊戦闘団」第3大隊第1中隊の衛生兵だった。

イズイは当時の戦闘のもようを鮮明に覚えている。ドイツ軍の砲弾が頭上の木に当たって炸裂し、無数の鉄片や尖った木の破片が降ってきたという。

「千ヤード（約九百十四メートル）前進するのに、まる四日かかった」

敵弾が飛んでくる中を立ったままで応射し、ハチの巣状態で死んだ自動ライフル兵がいた。帰米二世の兵士は銃弾貫通の苦痛に耐えきれず、「殺してくれ」と日本語で叫んだ。負傷兵の手当で最前線を走り回るイズイ自身も血だらけだった。

イズイによれば、テキサス大隊にたどり着いた時、二百人編制だったイズイの歩兵中隊はわずか十数人になっていた。「第４４２連隊戦闘団」全体では、それまでの戦闘で、救出したテキサス大隊の二百十一人とほぼ同数の戦死者を出し、六百人以上が負傷する犠牲を払った（二百十一人を救出するために五十六人が戦死し、約八百人が負傷したとのデータもある）。

「私たちは決して逃げなかった」

その一方で、イズイはこうも言った。

「日本軍の真珠湾攻撃の直後に私の父親はＦＢＩに逮捕されている。私は、私自身の国に対し、当たり前に忠誠を尽くしているのに、父親を救出するために、なおも私の忠誠心を証明しなければならなかったのです」

理不尽だという訴えであった。

■当たって砕けろ！

中西部ネブラスカ州出身のパーシング・ナカダ（１９１８年生まれ）は「第４４２連隊戦闘団」初の非白人指揮官で、第２３２工兵中隊長の大尉だった。

ナカダの説明だと、工兵隊が山肌を切り開き、厚板を敷き詰めた即席の軍用道路は戦車を通過させるたびに補修しなければならなかった。その作業中に地雷を踏んだ部下が次々と死ぬ。やっとのことで地雷を一掃し、ブルドーザーでならしていると、ドイツ軍に狙い撃ちされた。

「敵弾の煙幕が消えると、部下の死体があちこちに横たわっているのが見えました」

ナカダはボージュの前のイタリアの戦闘で、ドイツ軍の機関銃に頭部を撃たれて負傷し、銅星勲章を授与されていた。

「自分自身が生き延びることができるとは、もはや思わないようになっていました」

だが、目の前で部下が一人ひとり死んでいくのを見て、身を刻まれる思いだったという。

戦線は膠着状態になっていた。ドイツ軍の防御線を破ってテキサス大隊を救出するには銃撃だけでなく、掩護の砲撃が不可欠だった。

西海岸オレゴン州出身の野戦砲兵中隊の少尉、サミュエル・ヨシナリ（1917年生まれ）はベストとなる掩護の方法を懸命に考えた。すると、克服するのが不可能に近い難題が一つ浮かび上がった。林立する高い木々、そして険しい山中という地形のために、十分な掩護砲撃は不可能に近いということである。つまり、掩護の砲弾が敵の陣地を直撃するか、それとも見方のテキサス大隊の側で炸裂するか、それは紙一重の差で決まるのだ。

「私の任務は、要するに、わが方の前線から敵の前線までの正確な距離を測ることでした」

その任務の遂行は、まさに生死を分ける作業だった。ヨシナリは通信兵と二人で密かに敵陣に接近した。途中で敵に見つかる確率は、見つからない確率よりもはるかに大きかった。

「しかし、前に進まないと、殺される。それが、戦争でした」

ヨシナリと通信兵は決死の行動で敵の後方に回ることができた。掩護砲撃は成功した。

イズイ、ナカダ、ヨシナリの三人には共通点があった。三人が子どものころ、アメリカでは「帰化不能」とされた日系一世の両親から日本的な潔さを旨とする「武士道精神」を教え込まれたこと。そしてその一方で、そろって両親から「おまえの国であるアメリカのために戦え」と言われたことである。

だから「合衆国に忠誠を誓い、命をかけて戦っているのに、なぜ、家族が強制収容されたままなのか」という憤りでも三人は一致していたのだ。

武士道精神とは別に、「第４４２連隊戦闘団」の日系二世兵士たちの勇猛果敢さを象徴するのが、彼らが突撃の時に発した喊声であった。

「Go For Broke！（当たって砕けろ！）」

もとはハワイのローカル英語で、「有り金すべてをつぎ込む」ことを意味するギャンブル用語だったが、やがて日系二世たちの間で「困難を乗り越え、全力を尽くす」という意味でつかわれるようになり、「第４４２連隊戦闘団」の代名詞となった。「ゴー・フォア・ブローク！」である。

■「義務」と「名誉」

第４４２連隊戦闘団について語るとき、どうしてもふれなければならない人物がいる。米国連邦議会の下院と上院議員を合わせて半世紀にわたって務めたダニエル・Ｋ・イノウエである。第二次大戦の米陸軍の英雄となった戦歴はすでに述べた。

ハワイ生まれの日系人であるイノウエは1941年12月の日本軍による真珠湾攻撃の後、米政府から「4C」、つまり「日系の敵性外国人」という屈辱の記号分類をあてがわれた。にもかかわらず、イノウエは米軍に志願した。そして、イタリア戦線では右腕を失う重傷を負いながら任務を完遂し、「米軍のヒーロー」となった経歴は広く知られている。

2011年6月初旬、来日したイノウエが東京・千代田区の日本記者クラブで記者会見した際、運良く質問の機会を得た筆者は会場でイノウエにコメントを求めた。

――日系アメリカ人が戦後の日米同盟に果たした役割は何でしょうか

すると、イノウエは自らの体験をまじえ、淡々とした口調で語り始めた。

「米政府から4Cという『敵性外国人』の記号分類をあてがわれても、われわれ日系人の若者の八五%が志願し、戦場に赴きました。そして、第442連隊戦闘団は米国史上、最も多くの勲章を得た連隊となりました。それは、われわれ日系人がどういう存在であるかをアメリカ全体が理解するよう、その後も最善を尽くしたからなのです」

イノウエは日米間で激しい貿易摩擦が起きた1980年代には日本側の貿易慣行を厳しく非難したこともあったが、いわゆる慰安婦問題で日本政府を糾弾する下院外交委員会の決議（2007年）には「良好な日本との関係を危険にさらす」と強い反対声明を発出している。アメリカ人であるイノウエは「米国の国益」を行動の軸としていた。だが、それと同時に、日系人の誇りを胸に日米同盟の深化に全霊を傾けた政治家といえるだろう。家庭にあっては長男として育てられたイノウエは、父母から繰り返し教え込まれた大切な言葉が二つあると言った。「義務」と「名誉」である。

この二つの言葉をかみしめて行動したからこそ、日系アメリカ人として、同じ米国のアメリカ人たちを説得することができたとイノウエは強調するのだった。

日系人とはいかなる存在なのかと問いかけつつ、本書を書き進めている。理想の日系人のモデルとして、日系アメリカ人二世のダニエル・イノウエが、一つの答えであるかもしれない。

（4）ディスカバー・ニッケイ

■四カ国語サイト

「ディスカバー・ニッケイ」は、日本財団が助成し全米日系人博物館が運営するウェブサイトである。その最大の強みは、多言語サイトであることだ。

使用言語は、当然ながら、世界中の日系人コミュニティで使われている言語、つまり、英語（米国、カナダなど）▽ポルトガル語（ブラジルなど）▽スペイン語（ペルー、アルゼンチンなど）、そして▽日本語――の四カ国語に及ぶ。

日系人の歴史を一から調べるつもりで、インターネットで検索してみた。多言語サイトだから、遠慮することなく日本語で「ディスカバー・ニッケイ」と打ち込む。すると、世界中に居住する日系人に関する情報がびっしりと詰め込まれた数々のページが一気に目の前に現れる。

そこで、例えば、「日系移民史百科事典」の項を開く。すると、「日系人が五十以上の国で生活しているのをご存じですか？　ここでは、日系人の経験を各国別にまとめた移民略史をご紹介します」との説明が浮かび上がり、次のような書き出しで『日系アメリカ移民略史』が展開されていく。

「１８８５年から１９２４年にかけて、約二十万人の日本人がハワイに、また十八万人が合衆国本土に移民しました。そのほとんどは干ばつ、飢饉、人口過多に苦しむ日本南部の県の出身者でした」

　歴史的事実の叙述が続く。

「ハワイでは初期の一世たちはサトウキビ農場で働きました。本土に着いた移民たちはアラスカの鮭缶詰工場、ユタの鉱山キャンプ、オレゴンの製材所や、カリフォルニアの農園へ送られました」（以上の著者はアケミ・キクムラ・ヤノ）

　移民史百科事典とは別の、「日系人とは誰のこと？」とのタイトルが付けられたページには、興味深い記述があった。

「もう一つの大事な視点は、『日系人』という定義はいわば日本人の側から見た定義で、今となっては、日系人の側で必ずしも関心をもたれている定義ではないことである。つまり、日系人だと言われても、興味を示さない、あるいは拒否する人がいることだ。これは良し悪しの問題ではなく、ましてや押し付けることもできない」

一方で、「少数派ではあるが、ニッケイ（nikkei）という言葉に強い共感を示し、意味を見出している人たちが存在する。押しつけられたものではなく、自覚的な自己認識（self-identity）である。彼らの存在感そして活動は明確で、ひろがる可能性がある」（小嶋茂）

これらの文章は、いずれも日米の日系移民史研究家が書いたもので、内容は詳細にわたっている。

「ディスカバー・ニッケイ」は、日系人のアイデンティティー、歴史、体験を後世に伝えていくことを目的とするウェブサイトである。その起源は、全米日系人博物館が1998年から2001年にかけて行った「国際日系研究プロジェクト」にさかのぼる。世界十カ国十四団体から百人以上の学者が参加し、多岐にわたる学問領域で研究を行った。

この研究プロジェクトで培われた多国間のつながりは結果としてグローバルなネットワークの構築につながった。そこで日本財団は2003年4月、三百万ドルの基金を設置、この基金の運用益で研究プロジェクトを運営できるようにし、「日系人の歴史保存プロジェクト」として立ち上げた。その際、事業開始のための資金として別に百万ドル（2004～05年）を助成している。そして2005年3月、サイトの正式名称を「ディスカバー・

ニッケイ」とした。サイトの主宰者はあくまで全米日系人博物館であり、日本財団はスポンサーである。

■刷新計画

日本財団で２０２１年６月から日系人支援プロジェクトの担当となった中川瑞貴が感心したのは、全米日系人博物館が北米の日系アメリカ人だけでなく、南米諸国も含めた日系人が醸成してきた文化や歴史的体験についてのデータベースの蓄積を目指していることだった。

中川は、「ディスカバー・ニッケイ」を、日系人の歴史・文化のライブラリー機能、データベース機能だけのホームページで終わらせたくないと思っている。もっと幅広い交流サイトにしたい。

しかし、多言語サイトとして機能するためには、通訳や翻訳で膨大な量の作業が必要になる。「ディスカバー・ニッケイ」がユニークな四カ国語サイトとして成り立っていくために欠かせないのは、とくにスペイン語、ポルトガル語の通訳ボランティアの確保である。

基金の運用益という限られた財源だけでは心もとないからだ。

日本財団は2022年から2024年までの三年間で新たに五十万ドルをかけ、「ディスカバー・ニッケイ」のサイトを刷新する計画を立てた。それによると、まず第一に、四カ国語サイトであるという特性を生かし、「異なる言語をしゃべる、異なる国の日系人同士」に交流してもらうことだった。

中川が説明する。

「たとえば、アメリカにいる日系人とブラジルにいる日系人、そして、オーストラリアにいる日系人、いずれもティーンエイジャーが、私は四世で、家ではもう日本食は食べないが、日系人って何だろうかと思うなど、諸々のことについてカジュアルに議論し合う場を提供する。そんな議論ならば、おじいちゃん、おばあちゃんの世代の日系人ともつながるのではないかと思う」

こんなアイデアも浮かんだ。

「米国在住の日系三世のおばあちゃんと同世代の日系ブラジル人のおばあちゃんとでは、日系というルーツは同じでも、まず言葉が異なる。英語とポルトガル語、こっちはアメリカ人で、あちらはブラジル人です。それでも、もし双方とも沖縄県にルーツがあるという一致点や、和太鼓に関心があるとか、アニメが好きとかの共通項があり、通訳の問題をクリアできれば、距離は一気に縮まる。そうして交流しているうちに、同じアジア系マイノリティの日系人としての悩みを語り合うようになるのではないでしょうか」

日本人と日系人の交流だけでなく、居住国が異なる日系人同士がオンラインで懇談し、親しい友人になってゆく。ハッとさせられる発想だった。

第3章

夢の実現プロジェクト

（1）日本を高める奨学金

■学歴は問わない

日本財団・日系スカラーシップ「夢の実現プロジェクト」は、じつに型破りな奨学金プログラムである。

日本財団が行っている国際関係の奨学金事業を調べたところ、主なものだけで【表】の通り計十七あった（終了事業も含む）が、その中で日系スカラーシップ「夢の実現プロジェクト」は特異な位置を占めている。対象にしているのは主としてブラジルやペルー、ボリビア、アルゼンチンなど中南米諸国の日系人だ。自分の居住国と日本との間の相互理解の促進や居住国・地域社会の発展に貢献しうる具体的な計画を持つ若い日系人に対し、彼らの夢の実現のために日本留学の機会（最長五年間）を与えようというプログラムなのである。日本をルーツとする人間群像の存在感を高める効果も期待されている。

この奨学金事業に掛かる一切の費用を日本財団が助成している（2022年度は一億二千九百五十万円）。そして奨学生の募集・選考・受け入れ準備・奨学金の支給といった業

日本財団の主な国際関係奨学プログラム

名称	設立年度	実施団体
日中笹川医学奨学金制度	1986年	(公財)日中医学協会
Sylff：ヤングリーダー奨学基金	1987年	(公財)東京財団政策研究所
笹川国際奨学基金プログラム	1993年	ギャロデット大学(米国)
笹川良一奨学基金プログラム	1993年	米国立ろう工科大学(NTID)／ロチェスター工科大学(米国)
NF-JLEP：日本語教育基金	1994年	(公財)東京財団政策研究所
世界聴覚障害者リーダシップ奨学基金プログラム	1996年	ギャロデット大学(米国)
北京大学国際関係大学院プログラム	1996年	北京大学国際関係大学院
日本財団アジア・フェローシップ(API)	2000年	チュラロンコン大学アジア研究所(タイ)
日本財団・日系スカラーシップ・夢の実現プロジェクト	2003年	(公財)海外日系人協会
中央アジアのトルコ留学生のための奨学プログラム	2003年	日本トルコ中央アジア友好協会
日本財団聴覚障害者海外奨学金事業	2004年	日本ASL協会(日本)
国連平和大学国際平和学修士課程に対する奨学事業	2006年	国連平和大学(コスタリカ)／アテネオ・デ・マニラ大学(フィリピン)
日本財団国際フェローシップ	2011年	(公財)日本財団
アメリカ・カナダ大学連合日本研究センター日本財団フェローシップ	2012年	アメリカ・カナダ大学連合日本研究センター
英国における日本研究奨学金プロジェクト	2013年	グレイトブリテン・ササカワ財団
中南米における農業リーダー育成のための奨学金(修士課程)プログラム	2018年	サモラノ農業大学(ホンジュラス)
北欧諸国における現代日本研究支援	2018年	スカンジナビア・ニッポンササカワ財団

※支給期間は1年～数年が多いが、日本財団・日系スカラーシップは「最長5年」とされている。
※終了事業も含む

務は公益財団法人「海外日系人協会」が担う仕組みだ。海外日系人協会が立てた計画に基づいて日本財団が予算を拠出する助成事業ではあるが、日本財団はさまざまな形でプロジェクトにかかわるなど、常に協働するスタンスをとっている。

海外日系人協会の事務局長、土方陽美《はるみ》が事業における日本財団との関係を率直に説明した。

「奨学金留学生の合否の決定権が日本財団にある場合は受託事業になると指摘されたこともありましたが、合否は実際には海外日系人協会の担当者、日本財団の理事長と担当者、そしてスペイン語圏またはポルトガル語圏の現地担当者の四人の合議で決まります。全員一致が原則なので、日本財団だけが特別な決定権をもつわけではありません」

事業は２００３年に始まった。２０２２年度までの総事業費は二十億三百六十一万円。この奨学金制度による留学生は十九年間の累計で中南米など十一カ国の計百四十八人にのぼった。

２０２２年は6月1日から募集を開始（締め切りは7月31日）し、書類審査による一次選考、面接による二次選考を経て、10月末、八人の合格が発表された。したがって２００４年の第一期生から２０２３年の第二十期生までの奨学生の総数は百五十六人となる。

日本財団日系スカラーシップ事業
年度別・出身国別受入者数

（2023年4月現在）

出身国／年度	アルゼンチン	コロンビア	チリ	パラグアイ	ブラジル	ベネズエラ	ペルー	ボリビア	メキシコ	フィリピン	インドネシア	計
1期生　2004		1	1	2	3		1	1				9
2期生　2005	1			1	2							4
3期生　2006				2	3		3					8
4期生　2007		1		1	5		2					9
5期生　2008				1	3		2	1				7
6期生　2009				1	4		1	2		1		9
7期生　2010					1		1	1	2	1	1	7
8期生　2011				1	4		2					7
9期生　2012		1	1		5		2		1			10
10期生　2013				1	4		1	1			1	8
11期生　2014	1			1	3		1		1			7
12期生　2015	1			3	3							7
13期生　2016		1	1		5	1	2					10
14期生　2017		1		2	1		2	1	1			8
15期生　2018					2		2			1		5
16期生　2019		1			3			1	1			6
17期生　2020	1				5		3	1				10
18期生　2021	1	1			4		2					8
19期生　2022	1				3		2	3				9
20期生　2023					5		2	1				8
計	6	7	3	16	68	1	31	13	6	3	2	156

さて、日本財団・日系スカラーシップ「夢の実現プロジェクト」がなぜ、型破りといえるのか。それは奨学金留学生の募集要項に掲げられた六項目の資格要件からうかがえる。

①日系人であること。国籍、学歴、訪日経験は問わない。
②年齢は原則として十八〜三十五歳。
③海外日系団体の推薦を得た者。
④専門的な技術を身につけ、帰国後、居住国・地域社会で活躍する夢を持つ者。
⑤留学経験を活かして、居住国と日本との架け橋となる希望を持つ者。
⑥留学生の自主的な活動、社会貢献活動に主体的に参加できる者。

まず、六項目の資格要件の冒頭で「学歴不問」をうたい上げていることに驚かされる。それが、この奨学金制度の本質を物語っている。

ちなみに、日本政府（文部科学省）の外国人を対象にした「奨学金留学生」の募集要項と比較してみた。すると、当然ではあるが、文科省奨学金の資格要件の中には「学歴」が厳然と、しかも、杓子定規な表現で書き込まれていた。

《日本の大学院修士課程・博士課程（前期）又は博士課程（後期）のうち最初に入学を希望する課程における、いずれかの入学資格を有する者。入学前までにこの条件を満たす見込みの確実な者を含む》

これ以下の説明文は省く。事細かく資格要件が書かれているが、要するに問われているのは、日本の大学院修士課程・博士課程の入学資格を有しているかどうかなのである。

これに対し、日本財団・日系スカラーシップは大学や大学院などの入学資格は不問としているものの、「本人が留学先を選択し、入学交渉を行う」ことになっているから、奨学金申請者の高等教育機関における成績が度外視されているわけではない。ただし、留学先は大学・大学院に限定していない。それが、日本財団・日系スカラーシップが文科省の研究留学生奨学金と大きく異なる点なのである。

日本財団・日系スカラーシップはこのように、きわめて大胆な発想が根底にある。日本で学ぶことによって母国の官僚や大学教授、医師、弁護士といったエリート層のリーダー候補生のみを育成しようというのではなく、もっと幅広い分野で日系コミュニティのリーダーとなる人材を育てていこうという戦略的な考えなのだ。

このプロジェクトのユニークな点について、日本財団の担当者である中川瑞貴は、次のように説明した。

「日本の大学院の修士・博士課程で学んで自然科学の専門家や弁護士さんになっていただくのもすばらしいことですが、アカデミック以外の領域、例えば、美容院やアパレル関係においても日本で学んだことを生かし、出身国で新しいビジネスの形を作れるのではないかと考えます。われわれとしては、（旧来の価値判断に立った）専門領域だけしか留学を認めないということはしていないのです。明日の日系社会を担う若い世代が描く理想のキャリアを実現する、まさに『夢の実現プロジェクト』、その手助けがしたいのです」

■必須の社会貢献活動

日本財団・日系スカラーシップの奨学金留学生に求められているもう一つの重要な資格要件は、六項目の最後に「社会貢献活動に主体的に参加できる者」と明記された心構えである。覚悟と言っていい。留学生たちは日本財団が日常的に展開している社会福祉分野の活動や災害救援活動などに自発的に参加する意識の高さが問われる。

そこで奨学金留学生たちは「日本財団日系留学生会（NFSA）」とのグループ名で自

発的に活動を始めた。「母国や地域の発展に貢献する日系社会」や「国や世代を超えた結束ある日系社会」の実現を目標に据え、①在日日系人子弟の教育支援②在日日系人の生活支援③日本社会との交流④日系社会との交流――といった課題を設定している。

これまでの具体的な活動例としては、在日ブラジル人、ペルー人学校の生徒らを対象にした日本語スピーチコンテスト▽ラテンルーツの在日日系人の子どもたちに表現の場を提供する絵画コンテスト▽日本にあるブラジル人学校やペルー人学校だけでなく日本の公立学校にも出向き、在日日系人の生徒たちに進路や職業オリエンテーションを行う学校プロジェクト――などがある。

このほかＮＦＳＡの奨学金留学生にとっての重要行事の一つに研修会への参加がある。研修会は春、夏、秋、冬と年四回あり、そのうちの秋の研修会は東京で開催される海外日系人大会への参加である。

２０２２年5月28日～29日の土・日曜日、ＮＦＳＡの奨学金留学生三十人がＪＩＣＡ横浜（横浜市中区）に集まり、春の研修会が行われた。むろん、世話役である海外日系人協会の担当者も姿を見せていた。新型コロナウィルス禍の急拡大によって２０２０年と２１年は社会活動が厳しく制限されたため、22年春のＮＦＳＡ研修会は三年ぶりの開催であった。大半の留学生が初参加だったこともあり、初日午前中の自己紹介の時間から発言者に対する質問が続出するなど活気があふれた。

研修会の第一の目的は、日本文化への理解を深め、日本と自分たちの居住国が抱える社会問題を知り、さらに日系コミュニティについて学習することである。また、ふだんはそれぞれの留学先で生活していることから接することがない各国の奨学金留学生たちが一堂に会し、親睦を深める機会にしたい考えがあるのは言うまでもない。

研修会初日には息抜きのアトラクションを兼ねて沖縄舞踊の舞手による〝実技指導〟があり、研修会場は一気になごやかな雰囲気になった。南米にいる日系人には沖縄をルーツとする人が多い。踊りと歌で沖縄文化を吸収する。参加者たちは皮膚感覚による文化理解を体験したのである。

研修二日目には重要なプログラムが組まれていた。人気の観光スポットである辻堂海岸（神奈川県藤沢市）でNFSA留学生全員が行うごみ集めである。午前九時、全員が海岸の砂浜に展開し、空き缶、ペットボトル、プラスチック袋などのごみ収集にとりかかった。

ところが、砂浜には思いがけない光景が広がっていた。この日、太平洋岸の辻堂海岸では、海流の動きのせいか、風の影響か、あるいはプラスチックごみの一掃を訴える海岸美

日本財団日系留学生会（NFSA）の研修会に参加した奨学生たち（2022年5月、横浜市＝鳥海美朗撮影）

化運動の成果からか、砂浜にはちらほらとごみが見られただけだ。NFSAの留学生たちはあふれたごみの処理に困るのではなく、ごみが少なくて見つけるのに苦労したという。

それでも奨学生たちはごみ収集を打ち切ったりはしなかった。収集時間に設定されていた午前十一時ぎりぎりまで、きっちり二時間、黙々とごみ探しを続けた。

NFSAの活動とは直接関係はないが、日本財団・日系スカラーシップの奨学金留学生個人による次のような活動の事例もある。

この留学生は日系ペルー人の青年で、本人が書いたブログによると、来日して三年ほど経ったあの日、2011年3月11日。滞在していた京都で東日本大震災を経験した。インターネットなどで津波の映像を見て、被害の大きさを知った青年は強い衝撃を受けた。

「私は日本のおかげでいろいろなすばらしい経験を積むことができて、心は感謝の気持ちでいっぱいでした。そこで、自分からも日本のために少しでも行動したかった」

そこで青年は、全国規模で学生ボランティア活動を支援している日本財団学生ボランティアセンター（Gakuvo／学ボ）に連絡をとり、被災地で活動したいとの熱意を伝えた。学ボは被災地に向け、震災発生の翌月から継続的に学生ボランティアを派遣していた。

この日系ペルー人青年の願いがかなったのは震災発生から三カ月後だった。日本財団ビルでオリエンテーションを受けたのが２０１１年6月10日昼。その後バスに乗せられ、六時間後には宮城県石巻市の被災地に到着した。そして6月13日までの三日間、被害がひどかった牡鹿半島のいくつかの漁村を回り、泥だらけで救援活動を手伝った。ブイを使って小舟のようなものを作り、海中にある瓦礫を掃除する作業もしたという。

日常的な経験だけでは個人的な成長は生まれない。勉強するだけでは学術研究上の成長も達成できない。現場に足を運ぶことが大事である。「困難な時期の（日本人の）考え方から多くの重要な教訓を得ることができました」と日系ペルー人青年はいう。

ＮＦＳＡの活動やこうした自発的な社会貢献活動で培われたリーダーシップやプロジェクトを立ち上げた経験がそれぞれの母国に帰国後、実を結び、各国の日系団体の発展に役立つことを日本財団は願っていた。

■アルバイトは厳禁

出入国管理及び難民認定法によれば、日本の大学や専門学校などで学ぶ外国人留学生は、原則としてアルバイトはできない。ただし、事前に法務大臣から資格外活動の許可を受ければ、正規の学生の場合は一週間二十八時間以内で、かつ、学業に支障をきたさない範囲でアルバイトをすることができる。

日本財団・日系スカラーシップの奨学金留学生たちはどうなのか。奨学金事業を運営する海外日系人協会に確認すると、明確な回答が跳ね返ってきた。

「もちろんアルバイトはできません」

例外も認めない姿勢だった。その理由ははっきりしている。学業（あるいは専門的な技術・技能の習得など）に専念してもらうためだ。

しかし、物価が高く、生活費がかさむ日本で日系の留学生たちは規定の奨学金だけで暮らしていけるのか。改めて募集要項にある《留学生への支給内容》を確認してみた。それによると、次の費用が支給される。

▽往復航空運賃
▽受験料、入学金、授業料、教材費など学校に支払う経費実費
▽生活費＝月額十三万円
▽住居費実費＝月額上限五万円

▽敷金・礼金＝上限二十万円
▽通学定期代、医療保険（共済）費等
▽集合研修会費、学会参加費等
このほか、日本語学校での研修（六カ月〜一年）も可能だし、留学期間は最長で五年である。

日本財団・日系スカラーシップ以外の留学生奨学金についても調べてみた。

国際協力機構（ＪＩＣＡ）が、ブラジル、ペルー、アルゼンチンなど中南米地域十一カ国の日系人（四十歳未満）を対象に行っている「日系社会リーダー育成事業」の留学生募集要項にも「ＪＩＣＡが支援する留学生（大学院生）である期間は、在留資格『留学』の『資格外活動』として法務大臣の許可を受けることが可能と認められる範囲内の活動を除いて、就労しないこと」と〝アルバイト禁止〟の原則が明記されていた。

そのうえで、この事業が留学生に支給する手当はざっと次の通りである。
▽来日の際の渡航費
▽来日時の支度料＝十万円
▽滞在費＝日額四千九百五十三円〜五千五十二円

▽住居支度料（賃貸契約にかかる一時金や生活に必要な家具の購入費など）＝十六万四千円〜二十二万四千円）

このほか、入学検定料、入学金・授業料は実費で支払われる。ただし、国民健康保険加入費や医療費は自己負担である。

さらに文科省の外国人研究留学生を対象にした奨学金留学生募集要項を調べてみると、《奨学金》として「在籍課程に応じ以下の額を支給する」とあり、

①予備教育期間及び非正規生＝月額十四万三千円

②修士課程及び専門職学位課程＝月額十四万四千円

③博士課程＝月額十四万五千円

ただし、特定の地域で修学・研究する場合は「月額二千円または三千円を加算する」と説明されている。

入学検定料や入学金、授業料、そして渡日旅費（航空運賃）は文科省が負担すると明記されているが、住居関連費や定期代、医療保険などについての記載はなかった。

日本財団・日系スカラーシップを担当している海外日系人協会の担当者は、これら三つの制度を比較して、結論を言った。

「総合的にみて、日本財団が助成する日系スカラーシップが一番留学生を優遇しているように思います」

アルバイトをしなくても、学業や研究に専念でき、社会貢献活動にも参加できるというのだった。

（2）地下鉄とすしと鍼灸と

■日本がモデル

日本財団・日系スカラーシップの留学生は、実際にはどのような若者なのか。

2022年5月28～29日の二日間、JICA横浜などで開かれた日本財団日系留学生会（NFSA）の春季研修会にはブラジル、ペルー、アルゼンチン、ボリビア、コロンビアなど六カ国から三十人が参加していた。

留学生の名簿一覧表に目を通してみると、彼らの受け入れ先には、ざっと次のような著名大学が並んでいた。

上智大学▽早稲田大学大学院▽大阪大学大学院▽東京工業大学大学院▽関西大学大学院▽沖縄国際大学▽筑波大学大学院▽広島大学大学院▽慶應義塾大学大学院▽京都大学大学院▽東京農業大学大学院……。

研修会のプログラムではまず全体会議で、参加者全員による自己紹介が行われた。大半が日本語である。一人に与えられた時間は二分ほどだったが、何に重点をおいて自分を語るか、それぞれが考えていたようで、聞いていて退屈はしなかった。

新入りのNFSA第十九期生である日系ペルー人二世のヒロヤス・ナカムラ・タカハシは日本語能力を上げようと新宿の日本語学校に通い、2023年春からの横浜国立大学大学院への進学に備えていた。ペルーの大学では建築学を学んでいたが、鉄道にも興味があった。駅舎など交通系建築物の研究で卒業論文をまとめたという。

「ペルーの交通事情は世界のワースト10に入るくらいで、最悪です。大学への通学には往復四時間かかりました。ペルーの鉄道が抱える問題に僕なりに取り組みたい」

抱負は具体的だった。

「ペルーで学んだ交通系建築物のデザインについての知識をさらに日本で深めたいと思います。いまペルーで現実に計画されている地下鉄線の設計・建設計画に携わりたい。日本のメトロのように、駅とショッピングモールの結合を具体化してみたいですね」

次々と自己紹介するNFSAの留学生たちは、名簿にある通り、著名大学・大学院で学ぶ〝エリート予備軍〟が圧倒的に多かったのは事実である。しかし、日本財団・日系スカラーシップは官僚や弁護士、科学者、先端技術者などの育成のみを目的とした奨学金ではなかったはずである。日本財団会長の笹川陽平は折にふれ、このスカラーシップの特徴を次のように強調している。
「日本政府の（外国人に対する）奨学制度が規則によって制約が多いのはやむを得ない。しかし、日本財団の奨学制度は単に大学入学だけでなく、家具製作、美容技術、和太鼓製作、ファッションデザイナー等多岐にわたる人材を育成する、最長五年の奨学制度なのです」（2022年3月31日、日系スカラーシップの修了式で）
笹川が言う、日本財団の日系スカラーシップらしい留学生が研修会で存在感を示すまでに時間はかからなかった。

■ボリビア風和食

中でも興味を抱いたのは、ボリビアの日本人入植地サンファンの生まれだという第十九期生の三世、バンイ・コウタ（伴井浩太、2003年生まれ）である。

留学先は東京都世田谷区にある「東京すし和食調理専門学校」だ。《本物の和食・すしを一流の職人から学ぶ》をうたい文句とする調理学校で、厳しい指導で知られ、和食職人志望者の間では話題になっている。

本物のすし職人を目指すバンイ・コウタ。研修会で「夢」を語った（2022年5月＝鳥海美朗撮影）

バンイが、日本に留学して和食の勉強をしようと思ったのは、サンファンで和食の文化を根付かせ、みんなに和食のすばらしさをずっと伝えていきたいと思ったからだそうだ。

バンイは続けて言った。

「先日受けた『和食文化基礎』という授業で、先生が日本文化の特徴は、世界で一番長く続いている文化であることだと言っていました。同様にサンファンにも伝統文化があって、その一つとしてサンファンで食べられる料理が大切に守られてきたのだと思う。その灯が消えないように、僕も伝えていきたい」

学校を卒業してボリビアに帰れば、まずサンファンで店を開く。その後、できれば別の街でいくつか店を持ちたい。ボリビアで和食文化を根付かせ、広げていく。日本の国籍も持つ日系ボリビア人の青年は夢を語ったが、その実現のためには大学院と同等、あるいはそれ以上に厳しいすし職人の修業が続く。

■人生プラン

同じ第19期生で、日系アルゼンチン人三世のニシオエダ・ヴァネサ・ハルカ（西大條陽香　2000年生まれ）はブエノスアイレス生まれ。三歳の時、父親の仕事で宮城県仙台市に来た。2011年3月、東日本大震災が起き、いったんはアルゼンチンに帰国したが、2021年には日系スカラーシップに応募し、合格。2022年3月に再び来日し、仙台の赤門鍼灸柔整専門学校（現在の仙台赤門医療専門学校）で、鍼灸、あんま、マッサージ、指圧の勉強を続け、国家資格を目指している。父親が卒業した学校であり、その影響で留学先に選んだ。

「人間の体には三百六十カ所のつぼがあります。そこを親指で押して刺激を与えることで、体の自然治癒能力を高め、病気の予防につなげていくのです」

ハルカはお寿司と日本のコンビニで売っているアイスクリームには目がない。食文化、それにアニメでは完全に日本党である。鍼灸・指圧という仕事の面でも日本を抜きにしては人生プランを立てにくい日系人になりつつある。

日本で学んだことを、どこでどうやって生かすのか。日系コミュニティに還元する方策は……。それが、大きな課題だ。

三人とも与えられたひとり二分の制限時間を目一杯使い、全力で自己紹介した。簡潔にまとめ上げた日本語能力は合格点だった。

（3）日系人の日本語教師

■バイリンガル育ち

ムカイ（向井）・フェリペ・ナオト（1991年生まれ）ほど日本語に習熟したブラジル人は、そう多くいないだろう。ムカイは日本財団・日系スカラーシップ第十八期生の一人で、2021年4月から筑波大学大学院の「国際日本研究学位プログラム日本語教育学領域」に在籍している。

ムカイは日本語教育の研究者である。ちなみに、筆者が初めてインタビューした2022年7月5日の時点でムカイが執筆中だった修士論文の題目は「外的要因の影響による日本語教育現場の変容と教育観の再構築」であった。「外的要因」とは言うまでもなく、コロナ禍のことである。

フェリペというミドルネームから日系ブラジル人（三世）であることがうかがえるムカイだが、顔立ちはまったくの日本人である。言葉を交わしてみて驚かされたのは、ほぼ完璧な領域に達していると思われる日本語の習熟度であった。

取材の手始めにムカイの生い立ちを聞いた。筆者の悪い癖で、すぐに、話の本筋から離れた質問をかぶせてしまう。ところが、ムカイの場合、当方がどのような込み入った質問をしても、絡み合った部分を解きほぐし、わかりやすく返答してくれる。意味不明の質問をした当方が赤面することがしばしばだった。その並外れた言語解析能力によって、ムカイは自らの日本語を加速度的に上達させてきたのだろう。

ムカイはブラジル最大の都市サンパウロで生まれた。祖父母以下の一族は最初、サンパウロ州西部の日系集落に移住し、コーヒー農園やサトウキビ畑で働いていたが、その後、サンパウロに移ったと聞いている。

ムカイ・フェリペ・ナオト

ブラジルは再三にわたって経済危機に見舞われている。１９８０年代半ば、軍事政権が崩壊したころの危機は特に深刻で、生活困窮から米国やヨーロッパ、そして日本へと出稼ぎに行く労働者が増えてきた。

ムカイの父親は１９９１年、ムカイが生まれるとすぐ、初めて単身で日本に出稼ぎに出たそうである。日本はバブル経済が崩壊する直前で、まだ好景気に浮かれているように思えた時期だった。後になって、ムカイが父親から聞かされたところでは、父親は日本で、リサイクル・解体工事の事業に携わっていた。仕事は順調だったという。

ムカイは二歳になったころ、母親に連れられて初めて来日し、東京の練馬区で父母と共に三人で暮らすことになった。ムカイには十歳上の姉と、八歳上の兄がいたが、この二人はブラジルの祖父母のもとに預けられた。

日本で暮らす三人の生活は厳しいものだった。父親は日中の仕事だったが、母親の仕事は食品加工の工場での夜勤である。このため、ムカイは朝から夕方までの間、保育園に預けられた。ムカイが保育園から家に戻ると、父親が帰ってきて、入れ替わりに母親が出ていくという際どい生活サイクルだったらしい。ブラジルに残した二人の子ども、そして祖父母への仕送り分も稼がなければならなかったのだ。

ムカイ家の内情に立ち入った取材になってしまった。質問に答えたくなければ、そう言ってくださいと筆者は事前に伝えていたが、ムカイは「問題ありません」とあっけらかんとしていた。働き者の両親はムカイの誇りだったに違いない。

生まれたのはブラジル。しかし、言葉を覚え始める二～五歳の幼児期は両親と共に日本にいた。両親はあまり日本語を話さなかったというが、ムカイの日常生活には日本語があふれていた。ムカイの「母国語」からは徐々にポルトガル語が抜けていき、入れ替わりに日本語が入ってきた。

五歳の時、ムカイは両親と共に一カ月の一時帰国の予定でブラジルに戻った。それによって、一家の目算は大きく外れる。

ムカイの母親には五人の姉兄弟がいて、そのそれぞれに二、三人ずつの子どもがいる大ファミリーの一員だった。練馬にいた時は家に帰るといつも独りぼっちで寂しい思いをしていたムカイだったが、ブラジルでは多数の親類に囲まれ、同い年を含むいとこたちがいっぱいいて、毎日遊ぶことができた。こんなに楽しいことはない。ブラジルで大家族の温かさ、楽しさを知ったムカイは、こう言い張った。

「もう（日本には）帰りたくない」

五歳だったこの時のムカイはポルトガル語をまったく解せず、しゃべることができるのは日本語だけだったが、子ども同士で無邪気に遊ぶのに、複雑なポルトガル語は必要ではなかった。

結局、ムカイは小学校に入るころから中学二年生ごろまで、ブラジルの祖父母の家で過ごすことになった。これにより、ムカイの「母国語」は日本語からポルトガル語へと切り替わることになる。というより、ムカイが持つ「母国語」の袋が大きくなり、日本語とポルトガル語が共存するようになったと言った方がいいかもしれない。ムカイは〝バイリンガル人〟として成長していった。

■乗り越えた受験勉強

人生にはいくつもの試練がある。

2004年、ムカイが中学二年生の時、ブラジルの祖父が亡くなった。そうなると、祖母一人ではムカイ家の子ども三人と同居し、世話するのは無理である。それで、ムカイ家の子ども三人は日本に行き、両親と一緒に暮らすことになった。そのころ両親は山梨県で暮らしており、そこに子ども三人が合流したわけだ。

中学二年生の夏休み明け、山梨県にやってきたムカイは家族と再会し、一緒に暮らし始めた。ムカイが突破しなくてはならなかった大きな関門は、高校、大学の入学試験だった。ブラジルとは教育環境が大きく異なる日本で、〝バイリンガル生徒〟とはいえ、基本的なコミュニケーションはポルトガル語を使うムカイは、大きなハンディを背負っていた。ムカイは思い出す。

山梨の中学校は映像で見たことがあるアメリカの学校風景とよく似ていて、夢のようだった。しかし、日常会話ではなく、受験勉強となると言語の壁は大きく、授業の半分も理解できなかった。国語の授業は日本語教師を招いて特別授業が行われた。社会の授業では、四十七都道府県の暗記などムカイには奇異に思えるテストもあった。

「あの時期が人生で一番苦労した時期ではないかと思う」

なんとか県立高校に入学できたのは、あきらめずに一歩ずつ日本語の語彙や文法を覚えたからだと言う。

「高校生の時に、大学に進学したいという強い希望が芽生えました。何を勉強するかと考えた時に、私はポルトガル語も日本語もできる。英語も好きだったので、国際関係であったり、英語など言語を使う仕事に就きたいなと思ったので、国際コミュニケーション学科を志望しました」

順風満帆が続いたわけではない。最初の大学受験では、第一志望の山梨県立大学は不合格だった。それでも、私立の山梨英和大学は、学費が二年間半額という特待生として合格している。

なぜ、山梨県の大学ばかりを受験したのか。家の経済事情で自宅から通学することが進学の条件だったからだ。東京の大学も受験し、合格したが、断念したという。

ムカイは山梨英和大学の人間文化学部に入学。その後、山梨県立大学に三年次編入学を果たしている。当初の目的を達成したわけだ。

■日本語教育の追究

山梨県立大学国際政策学部に入ったムカイは日本語教員養成課程を履修する。そして、日本語教育の理想的なありようの追究を始めることになった。

ポルトガル語を母国語とする子どもに対する日本語教育はどうあるべきか。

「それを追究するとすれば、私の存在そのものや私の経験が役に立つのではないか。私は（日本では）外国人ですし、日本語を外国語として勉強してきたからです」

ムカイの子どものころのことになるが、五歳でブラジルに戻って一年たったころ、ムカイはすっかり日本語を忘れ、ポルトガル語しか話せなくなった。ムカイ自身がそう記憶している。

日本語は忘れてしまったが、それでも自分のルーツは日本にあると、ムカイは強く思った。そこで、もう一度腰を据えて日本語を勉強しようと思い、現地の日本語学校に通い始めたのである。

ムカイの一族は、祖父母はともかく、おじ、おば、両親、姉、兄と、ムカイ以外はいずれもあまり日本語を話せない。そうであるから、よけいに日本ルーツを意識したのだろう。そういう下敷きもあった。

２０１３年3月、山梨県立大学を卒業したムカイは一時日本で就職活動をしたが、「やはり、母国でやるべきことがあるのではないか」と思い、ブラジルに帰った。ブラジルで日本語を教えると同時に日本の良さや日本文化を紹介する。日本とブラジルの架け橋になる存在になりたいと思った。

しばらくたったころ、ムカイは子どもの時に教えてもらった日系人の日本語教師に声をかけられた。

「君も、日本語を教えてみないか」

大学で学んだことを生かそうと、ムカイは引き受けた。２０１３年9月から三年三カ月、ムカイは日系団体「日伯文化連盟」の日本語授業で教員を務めている。

「（ブラジルで）日本語教師を続けてわかったことがあります。言語を教えること自体が楽しいのですが、最もおもしろいことは、ブラジルと日本は地理的にすごく離れているので、音楽や料理などの文化の情報がすぐには伝わらない、そのギャップを埋めることではないでしょうか。私の役目はそこにあると思った。日本語の文法だけでなく、日本文化も合わせて教える、ブラジルと日本の架け橋になる人間の役目です」

ムカイはＪＩＣＡの研修担当スタッフ（２０１５年12月～16年12月）やブラジル日本語センター・日本語能力試験の企画委員（２０１７年６月～）などの活動のほか、２０１６年にはオンライン学校「未来イジオマス語学学校」を開校し、ブラジル日本語センターの教員たちにオンラインの授業のやり方を教えている。「イジオマス」とは「言語」という意味である。

こうした活動を通じ、ムカイは、外国人に対する日本語教育の学術的な理論づけの必要性を痛感した。

ムカイはそこで筑波大学大学院の国際日本研究学位プログラム日本語教育学領域で研究する目標を立て、日本財団・日系スカラーシップに志願した。そして、２０２０年の選考にパスし、２０２1年4月から筑波大学大学院で研究を続けたのである。

日系人に日本語を教えるのに適任の教師は、日本人ではない。誤解を恐れずに言わせていただくとすれば、ドナルド・キーン（１９２２～２０１９年）のような卓越した日本学者でもない。そうではなく、同じ日系人として苦い経験を重ねた無名の日系人がよろしかろう。日本語学習の努力を重ねたムカイの話を聞いていると、そう思えてならない。

（4）日本発の服飾革命

■アルゼンチンの花の都

日本で唯一の服飾系専門職大学院である文化ファッション大学院大学（東京都渋谷区）でファッションテクノロジーを専攻している日系アルゼンチン人三世、ハリマ（播磨）・マイア・アジェレン（1995年生まれ）は、先述の日系ブラジル人三世、ムカイ・フェリペ・ナオトと同じく日本財団・日系スカラーシップ奨学生の第十八期生である。

ムカイが日本語教育の専門家を目指しているのに対し、ハリマはファッション産業という華やかな世界の舞台に立とうとしている。二人の分野は大きく異なるが、日系人としての視点と発想を持ちつつ日本で学んでいる点で共通している。

さて、この項の主役は、日系アルゼンチン人三世のハリマである。筆者はこれまでに述べたように、日系アメリカ人や日系ペルー人に直接取材した経験がある。ブラジルにも以前訪れたことがあった。しかし、アルゼンチンの日系人や日系人社会とは全く接点がなく、ほとんど何も知らなかった。

ハリマは子どものころからファッションに興味を持っていたという。彼女はどのような生活環境のもとで育ったのか。

ＪＩＣＡによれば、アルゼンチンへの日本人の移住は１９０７年に始まり、第二次大戦前に約五千四百人が移住した。その多くは呼び寄せであったり、ブラジルやペルーなど近隣諸国からの転住者だった。初期は農園、工場労働者や食堂、クリーニング店の下働きが大部分を占めたが、その中で注目されるのは大正時代の中ごろに蔬菜《そさい》栽培者が現れ、昭和初期になると、花卉《かき》（観賞用植物）栽培者として独立する者が増えたことだ。１９４０年ごろにはクリーニング業や蔬菜・花卉栽培を主とする今日の日系人社会の基礎が出来上がった。日系人の人口は現在、約六万五千人である（海外日系人協会による２０２２年現在の推定値）。

ハリマ・マイア・アジェレン

花卉栽培が盛んになった理由として、アルゼンチンには19世紀末から20世紀初めにかけてヨーロッパ諸国から多くの人が流入し、花を観賞したり贈ったりする習慣が広まったことがある。これに注目した日系人たちは、花を愛でる文化があるのに庭の手入れや花の栽培に長けた職人が少ないことに気づき、観賞用の花の栽培を手掛けるようになった。

アルゼンチン政府はブエノスアイレスの北五十キロメートルにあるエスコバールを「花の都」と名付け、毎年10月には二週間に及ぶ花祭りを開催するようになった。日系人会を含む地元の団体が新しい品種の品評会を開いたり、カーネーションなどで飾った花車のパレードを繰り広げるなど大きなイベントに発展していった。

ハリマが生まれたのは、ブエノスアイレス州の州都、ラプラタ市である。家は市域の西、花卉栽培が盛んに行われている静かな農業地帯にあった。

「温室の中で栽培した花を収穫し、市場で売りに出します。主にキク（菊）で、他にガーベラ（キク科の多年草）、バラなど。一世の祖父母から二世の父へと引き継がれてきた稼業です」

ハリマによれば、地元の「ラプラタ日系人会」は約二百世帯のメンバーを擁し、日本語学校も運営しているというから、かなり整備された日系人コミュニティであるようだ。

ハリマは小学校一年から中学校三年までコミュニティ内で育った。アルゼンチンの公立の小中学校は一日四時限、月曜～金曜日の午前7時から午後1時まで。日本語学校は、小学生には火曜、木曜、土曜の週三日、午後2時～5時。中学生は土曜日のみである。

「日本語学校では日本語だけではなく、日本の文化や音楽についても学びました」

アルゼンチン政府は、アルゼンチン人である日系人の初等教育について、彼らのルーツ国である日本の言語と文化に配慮した特別な教育プログラムを設けているようだ。

■ファッションデザイン

2014年3月、ハリマはブエノスアイレス大学の建築・デザイン・都市計画学部（ファッションデザイン専攻）に入学した。

――ファッションには、いつごろから興味を抱くようになったのですか

「幼いころから手作りでものを作ることが好きで、ビーズでブレスレットを作るとか、刺繍とか、手編みものとか、細かい作業に熱中していました。それが大学に進学して服飾の道を進むことになった出発点です」

――なぜファッションデザイン学科を選んだのですか

「じつは、学科を選ぶ時、グラフィックデザインか、ファッションデザインかで迷いました。平面の上に表示される文字や画像、配色などを使って情報やメッセージを伝達するグラフィックデザインは、どうしてもパソコンでの作業が多くなります。その点、ファッションデザインは、デザインそのものや自然の美しさを衣服やブレスレットなどのアクセサリーにそのまま生かそうとします。私はパソコンよりも、自分の手で作ることができるものの方が好きでした。それで、ファッションデザインを選んだのです」

この時、ブエノスアイレス大学が実験的にファッションデザイン学科を開設していたのは、ハリマにとって幸運な偶然であった。

「それはまさに実験的な取り組みでした。まず、着ることができないような衣服を作ってみて、そのうえで機能性を付与するものに仕立てるのです。デザインの絵だけ見ると、まったく機能性がない。それを、どうやって着ることができる衣服にするかを考えるのです。そういうプロセスがあるので、以前よりずっと、ファッションデザインが好きになりました」

従来の発想にとらわれない前衛的な取り組みだとハリマは言った。

ハリマの積極的な活動は続いた。２０１９年12月、ハリマの卒業制作の作品が新進のデザイナーを応援するコンテスト「ブエノスアイレス大学・苗床賞」に選ばれたことが飛躍のバネとなった。「苗床」とは若手の意味である。この受賞によって、アルゼンチンでは最高峰のファッションイベントである「ブエノスアイレス・ファッションウィーク」に参加することができた。

ファッションウィークとは、服飾の新作発表会・販促展示会であるファッションショーの中で特に一週間にわたって開催され、今後のシーズンの流行作が発信されるイベントをいう。このうち最も有名なのがミラノ、パリ、ニューヨーク、ロンドンの世界四都市で開催されるファッションウィークで、世界四大コレクションと総称されている。そんな大イベントにつながるファッションショーに参加できたことは大きな励みであった。

「うれしくて泣きました。でも同時に気付いたのは、アルゼンチンでは学びきれないことがたくさんあるということでした」

ハリマは留学したいと思った。希望する行先はパリでも、ミラノでも、ニューヨークでもない。東京であった。

――なぜか

「私が好きなファッションデザイナーは皆、日本人だったからです」

自分が好きな日本のファッションブランドとして、ハリマはまず、「sacai（サカイ）」を例に挙げた。「sacai」は阿部千登勢が1999年に設立したファッションブランドで、「日常の上に成り立つデザイン」をコンセプトとしている。ハリマは「sacai」の他に、男女一人ずつ、信奉する著名なファッションデザイナーの名をあげた。

川久保玲（1942年生まれ）＝慶應義塾大学文学部哲学科卒業。旭化成宣伝部を経て、フリーランスのスタイリストとなる。1969年、ファッションブランド「コム デ ギャルソン」を立ち上げ、高級既製服（プレタポルテ）の製造・販売を開始した。1982年のパリコレクションで発表された「黒服、穴あきニット」が賛否両論を巻き起こすなど、前衛的な服づくりによって既存のファッション界に衝撃を与えた。

山本耀司（1943年生まれ）＝慶應義塾大学法学部、さらに文化服装学院を卒業。1969年にはファッションデザイナーの登竜門と言われる「装苑賞」と「遠藤賞」をダブル受賞し、プレタポルテを志向するようになる。1981年には川久保玲と共にパリコレクションにデビュー。映画監督北野武の作品『BROTHER』『Dolls』などの衣装を数多く手掛けている。

日本のファッションデザイナーたちが手掛けるプレタポルテに引き寄せられたハリマは

日本に留学し、ファッションデザインと製品の生産現場を見てみたいと思った。アルゼンチンだと、そんなことは大きなファッション関連企業にでも入らないとできないが、日本だと大学でできるという。

しかし、ハリマが日本に留学したいと思った最大の理由は、自分自身が日系人であることだった。

「私は英語やイタリア語は上手に使えませんが、日本語なら大丈夫です」

ファッション関係の情報は、私の場合、日本にいた方が早く、十分に手に入れることができる。だから、一日でも早く日本留学を果たしたいとハリマは思った。

素早い行動力の持ち主である。ブエノスアイレス大学に在学中の2018年10月から三カ月間、筑波大学との交換留学生に選ばれ、日本に滞在している。さらに大学を卒業する前の2019年秋にはすばやく日本財団・日系スカラーシップに応募した。この時は二次選考の面接で不合格になったのだが、それぐらいではくじけなかった。「苗床賞」の受賞によってブエノスアイレス・ファッションウィークに参加したハリマは、その勢いをはずみに、留学の下準備を敢行している。

2020年2月、ワーキングホリデーのビザを手にしたハリマはそれまでの貯金で航空券を買い、来日した。仕事は自分で探し、東京都内のユニクロの店で九カ月働いた。その間に日本財団・日系スカラーシップに再度挑戦し、2021年度の十八期生として合格した。

ハリマは、自分の長所について「履歴書には『粘り強い』と書きました」と言い、笑った。

■持続可能にする

2021年4月から渋谷区代々木の文化ファッション大学院大学に通い始めたハリマは納得できる留学生活を送っているのだろうか。

――なぜ、留学先に文化ファッション大学院大学を選んだのですか

「世界的にも知られた日本の学校であるからです。いつか日本で勉強をするなら、文化ファッション大学院大学で勉強したいと思っていました」

――実際に入学してみて、期待した通りのカリキュラムが展開されていると思いますか

「……ではなかったようにも思います」

――期待はずれだったのは、どういうところでしょうか

「私はデザインを重視するファッションデザイナーを志向しているのですが、文化ファッション大学院大学はパターン（型紙）を最も重視する学校なのです。入学してファッションテクノロジーを専攻した私は、（服飾産業の）現場でもっと生産のロス、廃棄物をなくす方法の研究をしたいと思っています。しかし、いま、この大学院大学ではパターン重視が軸になっているので、生産ロス、廃棄物除去の方法などは個人レベルの研究課題になっています」

――ちょっとつらい状況ですね。最初に目標とした研究はあきらめますか

「つらい状況ではありますが……。（文化ファッション大学院大学という）学校の名前があるので、いろんな服飾の素材を作っているメーカーに問い合わせたりできます。私の研究に合わせた素材の製作などで手伝ってくれたりするのはありがたい。また、学生仲間や先生たちからはいろんな情報もいただいています」

ちなみに、ハリマが文化ファッション大学院大学でファッションテクノロジーを専攻したのは、日系一世の祖母がいつも口にしていた言葉「もったいない」が耳の底に残っていたからだという。この祖母の口癖が、創造→販売→使用→廃棄という線形の過程で成り立っている現在のファッションの消費プロセスを考え直すきっかけになったという。古着を再

利用し、別の素材と組み合わせることによって、新たな価値を見出す。それを、新たな生産とするということなのだろうか。

ハリマが何を目指しているのか。ファッションについては門外漢の筆者には依然としてわからないところがあった。そこで、単刀直入に聞いてみた。

——持続可能な服飾産業というか、循環型ファッションというか。あなたは要するに、服飾、ファッションの世界に新たな分野を切り開こうとしているのですね

「私は服飾でロスをなくしたいとか、廃棄物ゼロとかをしきりに訴えてきましたが、服飾分野でそういうことを主張する学生は今までいなかった。服飾分野で、sustainability（持続可能性）を中心にすえた研究って、あまりなかったのかもしれません」

——持続可能、循環型ファッションを目指した、あなたの研究について、もう少し語ってください

「最初の一年間は、upcycle（アップサイクル）という、不用品や廃物を再利用して、以前よりも付加価値の高い商品を作り出す技術を生かした研究をしました。使った素材は中古の、ポリエステルの着物と、手編みのニットでした。着物というのは三十センチ幅の生地がもとになっています。それとニットをつなぎ合わせ、南米の伝統的な衣服である『ポ

ンチョ』に仕立て上げました。正方形パターンのモード・ファッションです」

――持続可能なファッション素材の研究まで手掛けているのですか

「２０２２年は、循環型の素材というより、生分解性プラスチック（注＝自然界において、微生物の関与によって環境に悪影響を与えない低分子化合物に分解されるプラスチックをいう）の研究を続けました。ふつうのプラスチックなら土に埋めても残るが、生分解性のプラスチックは残らず、土に還元されてしまう。そこからヒントを得ました。日本の伝統的ふとんは二〜三年間使って中綿がぺしゃんこになっても、職人さんが打ち直しをすると、再びふわふわになる。それを衣服に応用できないかという研究です。ふとんには生かせる技術が衣服に生かせないはずはないと」

ハリマの今後の人生にとって、大きな問題がある。文化ファッション大学院大学を卒業し、留学を終えた後、どこで、何をするのかということだ。

日本財団・日系スカラーシップ「夢の実現プロジェクト」の事業目的は、若い日系人の母国と日本との間の理解の促進や居住国・地域社会の発展に貢献する具体的な計画の実現である。したがって、日本財団としては、日本に留学した若者がやがて居住国に帰り、日本での経験をもとに自分の専門分野でリーダーシップを発揮し、各国の日系社会の発展に貢献することを期待している。それは、当然の願いではある。

ハリマは、日本とアルゼンチンの架け橋となり、さらに日系社会のリーダーともなる自分自身の役割を十分認識している。しかし、留学を終了した後の進路について問うと、少し考えこむ表情で言った。

「留学を終えた後も、できれば五年は日本で働きたいですね」

理由の一つは、回復のきざしが見えないアルゼンチン経済にあるが、それだけではない。

「単なるファッション情報だけではなく、もっと環境にやさしいデザインとかを同級生や後輩たちに伝えるには、アルゼンチンにいるよりも日本で活動した方がいい」

日本留学で学んだことをいかに日系社会のために役立てるか、どうすれば日系人の存在を高めることができるか。これは、日本財団・日系スカラーシップの留学生たちがそれぞれに背負っている課題である。

第3章　夢の実現プロジェクト

（5）尺八に導かれて

■シャクハチって、何？

日系ブラジル人三世のフチガミ（渕上）・ラファエル・ヒロシ（1985年生まれ）が、日本の伝統楽器の中に、尺八という、竹製の縦笛があるのを知ったのは2008年のことだった。

フチガミは当時、ブラジル・サンパウロ州にあるカンピーナス州立大学音楽学部の学生で、オーケストラのフルート奏者だった。その年は日本人がブラジルに移住して百周年にあたり、ブラジル各地で記念の日本文化イベントが開催されていた。

コンサートのリハーサルでは、オーケストラの指揮者が演奏のポイントを説明し、いくつか指示を与えるのが通例だ。ところが、この時、指揮者は何とも奇妙な指示を出した。フチガミには奇妙としか思えなかった。指示の意味がまったく理解できなかったのだ。

指揮者はこう言ったのである。

「滝廉太郎の『花』という曲では、フルート奏者は、シャクハチの音色を想像しながら吹いてください」

シャクハチとは、尺八のことである。しかし、フチガミの反応は、

（シャクハチ？　何だ、それは？）

フチガミは尺八を手にとって吹いてみたこともなく、見たことさえなかった。そこで隣に座っているもう一人のフルート奏者に小声で尋ねた。

「シャクハチって、何？」

「知らないの！」

フチガミ・ラファエル・ヒロシ

日本の竹笛だという。フチガミは考えた。尺八の音色を想像しながら吹くということは、ちょっとポルタメント的に、音程を変更してもいいという意味の指示かもしれないと。

ポルタメント（イタリア語）は、ある音から他の音に移る際、徐々に音程をずらしながら移行する奏法（または唱法）のこと。フルートでも用いないことはないが、西洋音楽では音程を

守ることが大原則である。なので、尺八の音色を想像しながらフルートを吹いてください、と言われると、どのように演奏すればいいのか、戸惑ってしまう。

フルートの尺八的演奏という予想外の指示に混乱した頭を抱えて帰宅したフチガミは、自分のパソコンに「ＳＨＡＫＵＨＡＣＨＩ」と入力し、検索した。すぐに尺八の演奏動画が映し出された。

「びっくりしました。すごくシンプルな竹笛なのに、西洋音楽のフルートよりも幅広い音色が出せる、はるかに豊かな表現ができると思いました」

この日、全身で受け止めた予期せぬ衝撃によって、フチガミはフルート奏者から尺八奏者に転身することになる。

■目覚めた日系の魂

ブラジルはポルトガル語を公用語とし、民族構成は欧州系が約48％、アフリカ系が約8％、東洋系が１・１％、ミックス（混血）が約43％などとなっている（ブラジル地理統計院　２０１０年）。そんなブラジル社会にあって、日系三世のフチガミはさほど日系人色が濃厚な家庭で育ったわけではなかった。

　フチガミ家の記録によると、フチガミの曾祖父は二十九歳だった1929年(昭和4年)、曾祖母（当時三十二歳）や曾祖父の弟（十九歳）、祖父（五歳）、祖父の弟（一歳）と共に五人で神戸港から「博多丸」に乗り、ブラジルに渡った。当初は移住するつもりはなく、お金を稼いだらすぐに日本に帰るつもりだった。しかし、第二次大戦に阻まれ、結局帰国することはできなかった。

　成長した祖父は、自分たちと同じようにブラジルにやってきた日本人一家の娘（祖母）と結婚し、やがて、息子（父）が生まれる。時は流れ、父は結婚相手に、イタリア系ブラジル人の娘（母）を選んだ。若夫婦には男の子が二人生まれた。フチガミは次男。以上がフチガミ一家の家族構成である。

　幼いころ、日本語にふれる機会はあったかという問いに、フチガミは次のように答えた。

「祖父母同士はもちろん日本語で話をしていましたが、ブラジルで生まれた父はポルトガル語で答えていました。祖母が作る寿司や煮しめ、饅頭などの味は覚えています」

　フチガミが十一歳の時(1996年)に祖母が亡くなると、日本語を聞く機会は無くなり、日本食を食べることも少なくなった。そうしたこともあって、フチガミは、自分が日系人なのだというアイデンティティーをことさら意識することもなく、思春期を過ごした。兄の影響でフルートを吹くようになり、ブラジルのポピュラー音楽にはまり、やがてショーロに傾倒する。ショーロはサンバやボサノバなどのブラジル音楽の誕生に影響を与えたポピュラー音楽のジャンルの一つである。

フチガミ家には日系人の親戚がいたし、日系人の友人もいた。しかし、フチガミ自身は長い間、日系コミュニティの中で育てられた経験がなかった。交流の相手として日系人を探すこともしなかったので、青春時代の初めのころは、自分と日本との関係について深く考えることはなかった。

「中学生のころには、ふつうのブラジル人として生きていきたいと思うようになりました。日系人に限らず、いろんな人との付き合いが大事ではないかと考えたのです」

カンピーナス州立大学に入ったフチガミはショーロから一転、クラシックに取り組む。モーツァルトやベートーベンと向き合う日々が続いた。

フチガミの音楽人生はさらに大きく変わる。先述のように、近代日本が生んだ作曲家、滝廉太郎の作品に導かれるようにして尺八と出会う。その結果、自分が日系人であることを強く意識するようになっていく。

「たぶん、自分の中で眠っていたジャパニーズ・アイデンティティーが、尺八の音色を聴いたことで呼び覚まされたのではないかと思います。そういう日系の精神性は自分の中にもともとあったと思うのですが、結局、日本人と同じように生きていくことはできないからブラジル人として生きようと一度は決心しました。それは、自分の本当のアイデンティティーである日本から逃げようとしていたわけですね。しかし、呼び覚まされたのです」

■歌うように吹く

フチガミはいったい、尺八のどこに惹かれたのか。本人がその理由を語る。まず、その神秘的な音色だという。

「西洋音楽だと、音階にはド・レ・ミ・ファ・ソ・ラ・シ・ドがある。そのド・レ・ミ・ファ……の一つずつの音の質は均等に演奏できるように練習しますが、尺八の伝統音楽だと『一音』を大切にするので、各音はそれぞれの個性を持ちます」

そこに、尺八という楽器の奥行きの深さがあるという。

「尺八は一つの音だけで、人間の心の奥深い部分のさまざまな感情を表現できます。表現方法に大きな可能性を秘めています。それが尺八の特質だと思います」

しかし、上達は容易ではない。

「尺八はシンプルな構造の竹笛ですが、フルートよりも音出しや音階、音程をとるのが難しい」

例えば、風の音を出すためには、呼吸法や横隔膜、喉を使った細かいテクニックが必要だ。全身を使って吹くため、まるで歌を歌っているような感覚になる。

尺八にはまり込んだフチガミは、本人の記憶によると2009年ごろ、自前の楽器としての尺八を手に入れたようだ。それ以降、フチガミの音楽人生は尺八一色となった。

フチガミはじつに数多くの奨学金を獲得している。中でも、サンパウロ州研究支援財団の奨学金はカンピーナス州立大学音楽学部に在籍した後半二年間と大学院修士課程の二年間の計四年間の学費として活用できた。同財団からはこれとは別に、日本に半年間留学（2013年10月～2014年4月）し、尺八の演奏法を学ぶ奨学金も獲得している。

尺八を吹く日々の中で、フチガミは自らのルーツである日本そのものに興味を抱くようになった。時間関係が少し前後するが、尺八との出会いから四年後の2012年、フチガミは日本語を習い始めた。また、その年、初めて来日し、京都で行われた「ワールド尺八フェスティバル」に参加している。二十代のころのフチガミは思う存分、尺八の演奏と研究に没頭していたといっていい。

フチガミの話を聞いていて、少し驚いたのは、ブラジル国内にも一定数の尺八演奏家が存在したことだ。尺八は、ブラジルでは誰も知らない、異境の民族楽器ではなかったのだ。

現にフチガミはフィールドワークで大学院から九十キロメートル離れたサンパウロ市に行き、日系人たちの尺八演奏会を見学したりしている。フチガミはその尺八愛好家グループに教えを願った。

フチガミの依頼はこの時はかなえられなかったが、のちにインターネットで別の尺八愛好家を知ることになる。日系人ではないが、尺八演奏の熱心な実践者だった。

この演奏家は最初アメリカに行って尺八を学び、それから日本に行って修業した。そして、ブラジルで尺八を広めようと思ったところで、フチガミに出会ったのだという。

「だから、私を歓迎してくれたのです。意気投合し、私はサンパウロにある彼の稽古場に通うことになりました」

フチガミは、日本人や日系人以外にも尺八の伝道師がいることを知った。尺八は音楽の世界で国境を越えて受け入れられているとフチガミは実感した。

■求道の日本留学

カンピーナス州立大学音楽学部ではフルートを専攻していた日系ブラジル人三世のフチガミは尺八に転向し、大学院で修士号を取得した。尺八と出会ったことによって、フチガミは日本探究の求道者になった感がある。

２０１３年から２０１４年にかけての半年間、フチガミが日本に留学し、尺八の演奏法を学んだことはすでに述べた。しかし、半年の留学期間はフチガミの尺八についての探究心を満たすには短すぎたようだ。

尺八のどこにそれほど惹かれたのかという問いに、フチガミはまず、「その繊細な音色」と答えた。これは想定内の返答だったが、続いて尺八の歴史を熱っぽく語り始めたのには少し驚かされた。

「尺八の歴史については、ちょっと調べたことがあります。昔は虚無僧という、武士と僧侶の間の人間が尺八を吹いていました。その当時、尺八は楽器ではなく、法器、つまり仏具だった。私には不思議な歴史です。普化（ふけ）宗という虚無僧集団が形成していた宗派は明治初年に政府によって引き起こされた神道国教化（神仏分離）政策によって廃止され、尺八も演奏禁止となるところでしたが、虚無僧たちは『私たちは僧侶ではない。音楽家だ』と主張しました。ミュージシャン宣言によって尺八の演奏を勝ち取ったのです」

以下もフチガミに教えてもらった知識だが、尺八のもともとの楽曲には、江戸時代の虚無僧たちが吹き、伝承した本流の音楽である「古典本曲」がある。その二大流派として、成立の時代が最古の琴古《きんこ》流と人数が最多の都山《とざん》流がある。

こうした尺八の世界に新風を吹き込んだ演奏家が横山勝也（1934～2010年、東京音楽大学名誉教授）だという。横山は「流派を超えて、尺八を吹きましょう」と呼びかけ、「国際尺八研修館」という名の演奏会を主催した人物であった。

フチガミは、先述した半年間の日本留学の際に、国際尺八研修館の流れをくむ演奏家らの指導を受けていた。東京音楽大学（東京都豊島区）で教鞭をとる柿堺《かきざかい》香と、国際尺八研修館に属してはいないが、柿堺と同様に横山勝也の弟子といえる菅原久仁義である。フチガミはこれら旧知の尺八演奏家のもとでさらに修業に励むつもりだった。

以上のように方針を決め、準備を進めた後、フチガミは日本財団の日系スカラーシップに申請書を提出した。そして2014年秋、第十二期生として合格している。

待望の日本財団・日系スカラーシップを獲得したフチガミは2015年3月、三度目の来日を果たす。日本語研修と東京音楽大学大学院の博士後期課程を合わせ最長五年間という、腰を据えて学べる留学期間であった。

フチガミが東京音楽大学を留学先に選んだのは、これまで実践してきた尺八の演奏スタイルを続けることができるからだった。

東京音楽大学大学院で、フチガミは緊張しながらも思う存分尺八の演奏を続けた。

フチガミは柿堺に出会ったころ、次のような疑問を投げかけたことがある。

「(日系ブラジル人三世の)私は、日本の文化についてよく知りません。そんな私が、尺八を演奏してもいいのでしょうか」

柿堺の返答をフチガミはよく覚えている。

「日本の文化なんか気にしないでください。あなたはあなたのやり方で、どんどん尺八を広めていただきたい」

日本文化をよく理解していない日系人に尺八がわかるのかという反発がきっとあるとフチガミは危惧していた。その不安を恩師にぶつけたのだが、予想に反して背中を押され、ホッとしたという。もう一人の先生である菅原にも「どんどん教えてください」と励まされた。留学を終えてブラジルに帰ってからも尺八を広めてほしいとの要望だった。

■奨学生の役割

２０２０年3月、フチガミ・ラファエル・ヒロシは東京音楽大学大学院で博士後期課程を修了した。しかし、その後まもなくコロナに感染してしまい、すぐには日本を離れることができなかった。ようやくブラジルに帰国できたのは２０２２年1月である。

「一歳になった娘を親に会わせることも、帰国の大きな目的でした」

フチガミの究極の目的は、尺八の演奏をブラジルに、さらには南米全域に広めることにある。しかし、フチガミはまもなく、日本に戻ってきた。現在は東京音楽大学の特任研究員として月、火、水曜日の週三日働き、木、金曜は在宅で文化庁関係の研究活動を行っている。

平日の夜は家に帰ってからも重要な仕事がある。ブラジル向けにインターネットでリモート尺八教室を開いている。むろん有料だが、まだ収益が上がるレベルにはなっていない。

週末の土・日曜日はコンサート活動がびっしり詰まっている。「日本音楽集団」という和楽器のアンサンブル（演奏団体）の活動や和洋楽器のコラボを月に二、三回はこなしている。

こうしたフチガミの日々の活動は、日本とブラジルの架け橋の役割を果たしているといえる。尺八を演奏するフチガミはまた、日本文化を世界に発信する伝道師の一人であるのは間違いないだろう。

日本財団は日系スカラーシップの奨学生に対し、留学を終えたら母国に帰り、日本で学んだことを次の世代に伝え、同時に母国の地域社会や日系コミュニティの発展に尽くしてほしいと願っている。フチガミ自身も「私の目標は地元のサンパウロか南部の大都市ポルト・アレグレに尺八の稽古場を作り、尺八と日本文化を広めていくことです」と語っていたし、今もその夢は捨てていない。ところが、その計画は再検討を迫られることになった。最大の理由は、コロナ禍だ。

コロナ禍はいろんな課題を浮き彫りにしたとフチガミは思っている。

「コロナ禍で、ブラジルの日系社会の文化活動も、一時はすべてが止まりました。日系のお祭りや盆踊りもやらなくなった。和楽器のレッスンも中断です。そんな状況ですから、私がブラジルにいたとしても、尺八の生徒さんに会うことはできない。インターネットのリモート教室しか教える方法はない。でも、これは逆に言えば、日本にいても、ブラジルにいても、尺八教室も演奏活動も、ほぼ同じことができるということではないでしょうか」

フチガミによれば、広い国土を持つブラジルで、尺八を演奏する人のほとんどはサンパウロ在住者に限られていた。それが今や北部や中部、さらに南部にも尺八愛好家が増えてきた。日系人だけでなく、非日系人にも尺八を吹く人が増えてきたという。コロナ禍が一掃されるなど条件が整えば、尺八はもっと広まる可能性がある。

尺八の普及を目指すフチガミは、逆境に耐えながら、好機到来を待っている。

挿話　ルーツ探しの旅

日本で尺八についての研究を続ける日系ブラジル人三世のフチガミ・ラファエル・ヒロシには、日本財団・日系スカラーシップによる留学のために来日した2015年3月以来、どうしても突き止めたい事実があった。

日本における自分自身のルーツである。

東京での留学生活に慣れ、日本語が上達するにつれ、心の中で自分のルーツを確かめたいという思いが日増しに強まっていった。だが、ルーツの手掛かりは、ファミリーの名字が漢字で「渕上」であり、出身地が熊本県であることだけである。

2012年に祖父が亡くなってしばらくたったある日、遺品が詰め込まれた大きな箱が見つかったことをフチガミは覚えている。ルーツの手掛かりがあるかもしれないと思い、箱をひっくり返して調べてみた。すると、一通の手紙が出てきた。

封筒の消印は「1976年4月17日」。はるばる日本から届いた手紙だった。宛名は曽祖父。差出人は「熊本県宇城市　渕上茂樹」とあった。それが誰なのか。その時はわからなかったフチガミだが、「親戚であるのは間違いない」と確信した。

フチガミはその手紙を大切に保管し、日本財団・日系スカラーシップの留学の際にも持ってきた。手紙を手掛かりに、いつかはルーツを突き止めたいと思っていたのだ。

控えめな性格のフチガミは丁寧すぎるほどの手順で熊本の「渕上家」と接触している。ルーツを確かめたいあまり、いきなり押しかけるような強引なやり方はしなかった。まず、インターネットの検索機能を使って「渕上茂樹」の電話番号を捜し当て、次に友人（日本人）に電話をかけてもらい、そのうえで電話口に出て話しかけるという慎重なやり方だった。

電話で応対した女性は「はい、フチウエです」と言った。「渕上」の読みは「フチガミ」ではなく、「フチウエ」だというのだ。ルーツ探しの旅で最初にわかったことは、名字の本来の読み方だった。

ただし、ブラジルの戸籍では渕上家は「Ｆｕｃｈｉｇａｍｉ」と登録されている。だから、熊本の渕上家がなぜ「フチウエ」と読ませているのか、その理由はわからない。ともあれ、尺八演奏家のフチガミ・ラファエル・ヒロシについては今後も「フチガミ」と表記する。

最初の電話でフチガミが曾祖父の名前を出すと、応対した女性は「確かに、この家の人です」と答えた。これでブラジルのフチガミ家と熊本のフチウエ家が同じルーツの親戚同士であることがはっきりした。

長男の曾祖父とその弟もブラジルに移住したため、男子がいなくなった熊本のフチウエ家は養子をもらっている。それが手紙の差出人の渕上茂樹（故人）であり、電話で応対したのがその妻だった。

この最初の電話でのやりとり以降、フチガミは熊本のフチウエ家と手紙や電話で連絡を取り合っていたが、「いつかお会いできたらうれしいです」と書いた手紙に返事がない。それがフチガミには気になった。

「私には会いたくないのかな」

しかし、どうしても曾祖父が生まれた家を見たいと思ったフチガミは知恵を絞った。フチウエ家の近くにある小学校に「ボランティア活動による子どものための尺八演奏会」の計画を持ち掛け、受け入れてもらったのだ。

演奏会の日程が決まった後、フチガミはフチウエ家に連絡を取り、「見に来てくださいませんか」と声をかけた。これで心が通じないわけはない。フチウエ家の返事は「ぜひ、うちに泊まってください」だった。

2018年11月、熊本県宇城市の小学校での尺八演奏会の前日、フチガミはようやくフチウエ家を訪ねた。一族の出迎えを受けたフチガミは緊張し、言葉が出なかったが、仏壇に手を合わせた後は落ち着いた気持ちになったという。

「私は、尺八を通じて日本とのつながりを感じていましたが、今回の旅の経験で、自分のルーツが確かに日本にあるという安心感が生まれました」

翌日、子どもたちの前で演奏を終えたフチガミは満ち足りた気分になった。尺八との出会いから始まった旅の一つの終着点であった。

第4章

世界初、若手日系人意識調査

（1）二十一世紀の日系人像

■世界規模のリサーチ

日本財団が二年二カ月にわたり、全米日系人博物館（米ロサンゼルス）との協働作業で実施した「グローバル若手日系人意識調査」の結果は極めて興味深い内容であった。２０２０年8月31日の記者会見で、その結果が公表されている。

記者会見で日本財団会長の笹川陽平は、調査結果を象徴的に表現した。

「若い日系人たちに、日本語のどういう言葉を知っていますかと訊ねますと、『頑張る』『もったいない』『感謝する』という三つの言葉が出てきました。日本の若い世代にはすでに忘れられつつあるような日本の言葉が、日系人の若者世代の心にはなお息づいているのです」

三つの言葉は、日系人としてのアイデンティティーを形成する上で、最も影響を受けた日本的な価値観と言い換えることができる。笹川は調査結果についての感想を記者から重ねて求められると、次のように述べた。

日系人について語る笹川陽平（2020年8月31日、日本財団ビルでの記者会見）

「日本に対する非常な思い入れを感じました。若手日系人の中には日本語ができない人もいるようですが、日系人としてのアイデンティティーは祖父母や両親から引き継いで保持していきたいと思っていることがわかりました。そのために、もっと日本を知りたい、そして、日本人や、自分たちとは異なる国に住む同世代の日系人とも交流し、日本について一層深く学びたいという強い意欲を感じました」

笹川自らが記者会見を開き、その意義を力説した調査結果のアウトラインをまず説明しておきたい。

調査概要レポートによれば、まず日系人を

「海外に移住した日本人及びその子孫を指す」と定義し、そのうちの十八歳から三十五歳までを対象にした包括的なアンケート調査を実施した。そして、自身のルーツや日系としてのアイデンティティー、家族と日系アイデンティティーのとらえ方、自身と日系コミュニティーとの関連性など広範な設問について回答を求めた。「二十一世紀における日系人像」を明らかにするのが調査の狙いであった。

具体的には、世界中の日系人が居住する地域を対象にしたオンラインアンケート調査（英語、日本語、スペイン語、ポルトガル語の四カ国語）を実施した後、アルゼンチン、オーストラリア、ブラジル、カナダ、日本、オランダ、パラグアイ、ペルー、フィリピン、イギリス、アメリカの計十一カ国十二都市でフォーカスグループディスカッション（十人前後の座談会）を行っている。こんな世界的規模の日系人調査は前例がない。

アンケートには合計六千三百九件の回答が集まった。全回答者がすべての質問に回答したわけではないが、最終報告書は年齢と世代をクロス集計した三千八百三十九人のサンプルが基盤になっている。

■三つの日系人グループ

Ａ４判用紙で九枚にまとめられた日本財団の「グローバル若手日系人意識調査」の概要レポートに目を通した。レポートは冒頭の「調査の背景と目的」に続く「日系社会の歴史」の項で、「現代の日系人は三つの主要なグループに分けることができる」と論考している。

第一のグループは「十九世紀後半から二十世紀半ばにかけて日本から移住してきた開拓者一世の子孫」とし、これら初期の移住者はさらに二つの主要なグループに分けることができるとしている。

その一つは中南米、ハワイ、北米への移住者である。多くは沖縄県など地方農家の息子たちで、農場で働いたり、個人商店を経営したり、製造業を営むなどさまざまな職に従事した。

もう一つの動きは、フィリピンをはじめとするアジア地域への移住で、その子孫の多くはミックス（混血）であった。

第二のグループは、第二次大戦後日本が連合国軍の占領下にあった時期に米軍人と日本人女性との結婚によって生まれた集団。終戦から１９６５年の間に移住した家族が多かった。

第三のグループは1960年代以降に海外に移住した日本人を指す。戦前の移住者と区別するため、この世代の移住者は「新日系人」と呼ばれることが多い。新日系人及びその子どもの「新二世」の移住先や理由は千差万別で、居住地は世界中に広がっている。日本人同士の結婚で日本人の家族として移住した世帯から、国際結婚をしてミックスとなった世帯まで、家族構成や家庭環境も多様である。このグループの新一世の出身地はこれまでの移住者と異なり、都市部を含む全国に及んでいる。

調査に協力してくれた十八～三十五歳の若手日系人のうち、移住の先駆けとなった第一グループの子孫は概ね三世から六世まで世代交代が進んでいる。第二グループの子孫は三世、四世が多い。そして、近年移住が進んだ第三グループの子孫はまだ、二世にとどまっている。

■「頑張る」価値観

若手日系人調査概要レポートの「調査結果」のうち、独断的ではあるが、筆者が興味深いと思った記述を抜粋して紹介する。

《日本的価値観》「世界中の若手日系人にとって日本的価値観を持つことは重要である。多くは、『頑張る』、『尊敬』、『正直』、『感謝』、『義理』、『礼儀』、『もったいない』などの価値観を重要視していた。若手日系人がこれらの価値観を出身国や地域に関わらず共有して持っていることが明らかになった。そして、これら日本的価値観を家族や先祖から学んだことを誇りに思い、次世代や現地社会にも日本的価値観を継承したいと考える若手日系人が多い」

「アンケートでは十二個の日本的価値観と日系アイデンティティーの重要性及び関連性を調査した。その結果、82％の若手日系人が最も重要な価値観として『頑張る』を選択し、この傾向は地域や年齢に関わらず共通していた。次いで、二位に『尊敬』（78％）、三位に『感謝』（69％）が重要な価値観として選択された。『もったいない』は年配層では七位であったのに対し、若手日系人の間では四位であったことは、現代社会における環境問題への危機意識と関連していると考えられる」

《日本語能力》「自己申告ではあるが、若手日系人の日本語能力には差があることが分かった。7%が『全く話せない』、29%が『単語（片言）のみ話せる』、25%が『少し話せる』、22%が『多少話せる（日常会話レベル）』、17%が『流暢に話せる』と回答した。三十五歳以上の年齢層の最も多い回答が『少し話せる』及び『多少話せる』であったことから、若手日系人は全般的に日本語能力が年配層に比べ低いといえる」

《伝統行事》「56%の若手日系人がお正月を最も重要な行事と回答した。これは、地域や年齢に関わらず一番重要だという共通認識があった。二番目に重要な行事はお盆であった。お正月やお盆など、家族や親戚と祝うことが多い行事が最も重要視されていることから、日系コミュニティは家族単位から始まり、日本文化における家族の存在や重要性が強調されている」

《日系アイデンティティーの形成》「74%の若手日系人が日系人としての強い意識を持ち、日系人としてのアイデンティティーを確立している。他の年齢層においてもほぼ同じような数値が出たため、年齢や世代にかかわらず、日系人は日系人としての自覚や意識が強く、日系アイデンティティーを形成していることが明白である」

《グローバルな日系社会へのつながり》「90％の若手日系人が他国の日系人と繋がることに興味を示し、グローバルなつながりを求める若手日系人像が明らかになった。若手日系人が、グローバルなコミュニティを形成し、国を超えたつながりを促進するとともにグローバルな日系アイデンティティーを理解していくことを切望している点は、本調査の大きな発見の一つといえる」

調査結果にはさまざまな解釈が可能であろう。しかし、調査結果の核心部分が、日系人（国や年齢を問わない）の82％が最も重要な日本的価値観として「頑張る」を挙げたこと、そして74％の若手日系人がすでに日系人のアイデンティティーを確立していること、さらに90％の若手日系人が他国の日系人と交流することに興味を示したというデータにあるのは間違いない。

こうした調査の対象国では従来、「若い世代の日系人は日系人としての意識が希薄になっている」とみなされていた。そうした懸念とは正反対の結果があふれ出た調査であった。

重視する日本的価値観 (若手日系人)

1. 頑張る 82% **Do your best**	**2. 尊敬** 78% **Respect**
3. 感謝 69% **Gratitude**	**4. もったいない** **To not waste**
5. 正直 Honesty	6. 勤勉 Hard working
7. 義理・義務 Duty/Obligation	8. 我慢 Perseverance
9. 礼儀 Politeness	10. 自律 Self-discipline
11. 共感 Empathy	12. 遠慮 Restraint

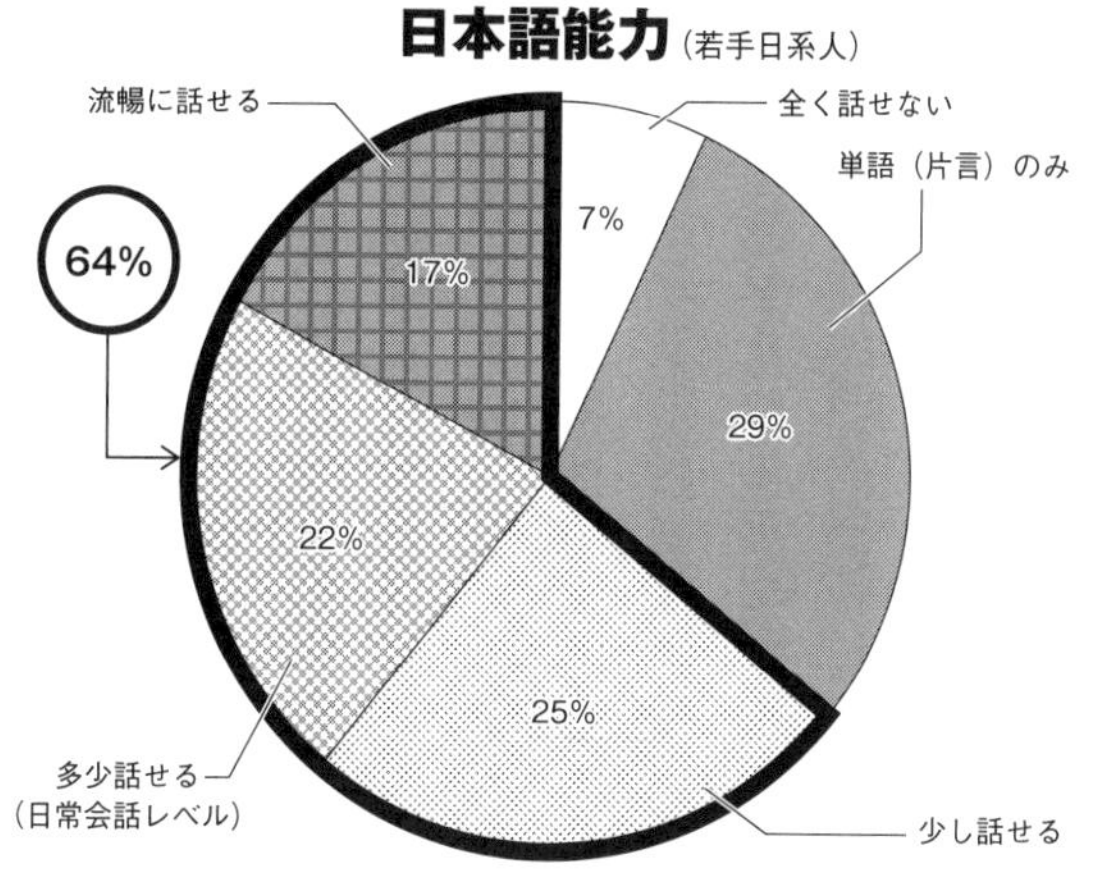
日本語能力（若手日系人）
流暢に話せる
全く話せない
単語（片言）のみ
64%
7%
17%
29%
22%
25%
多少話せる
（日常会話レベル）
少し話せる

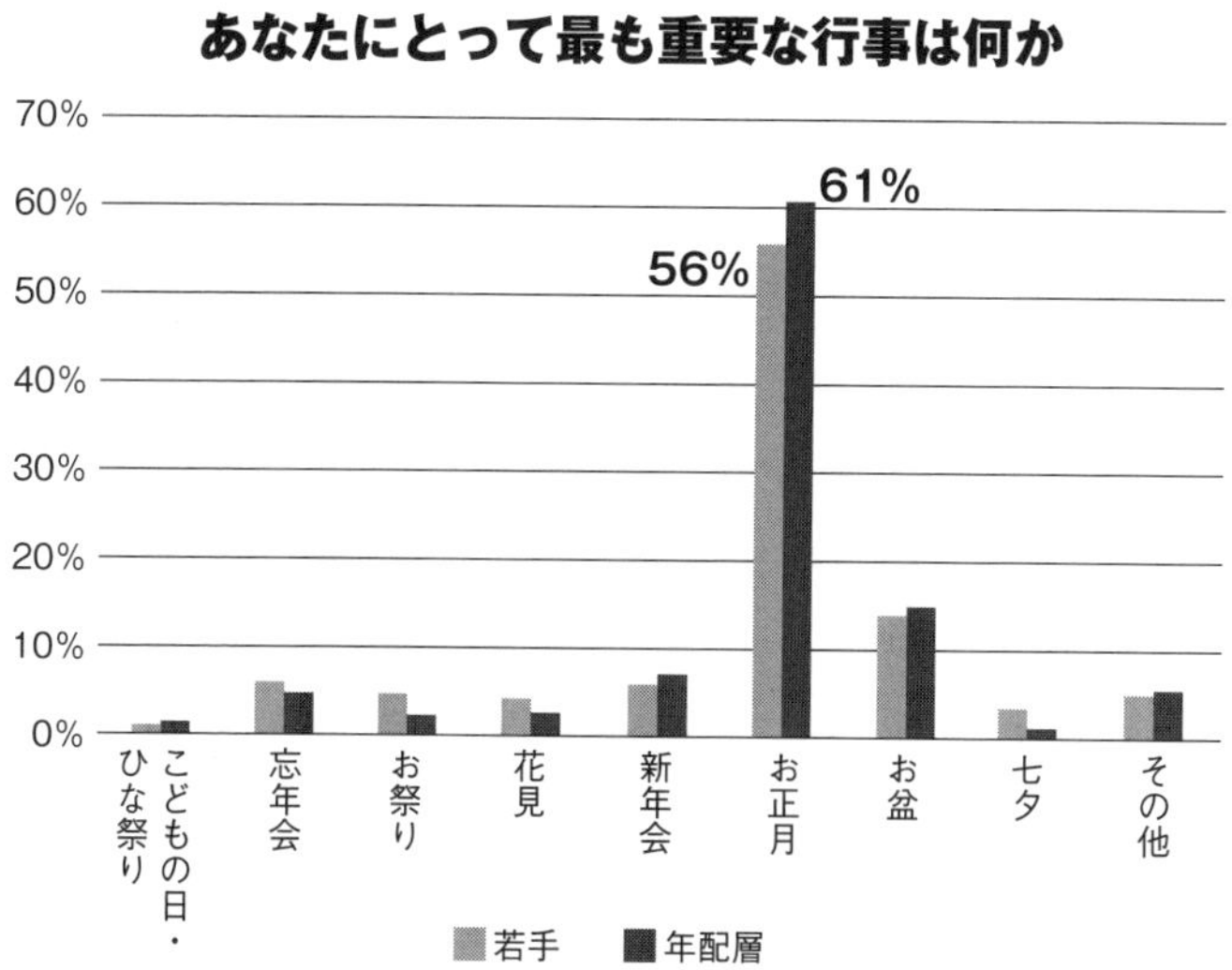
あなたにとって最も重要な行事は何か
70%
60%
50%
40%
30%
20%
10%
0%
61%
56%
こどもの日・ひな祭り
忘年会
お祭り
花見
新年会
お正月
お盆
七夕
その他
若手
年配層

日系人としての意識（若手日系人）

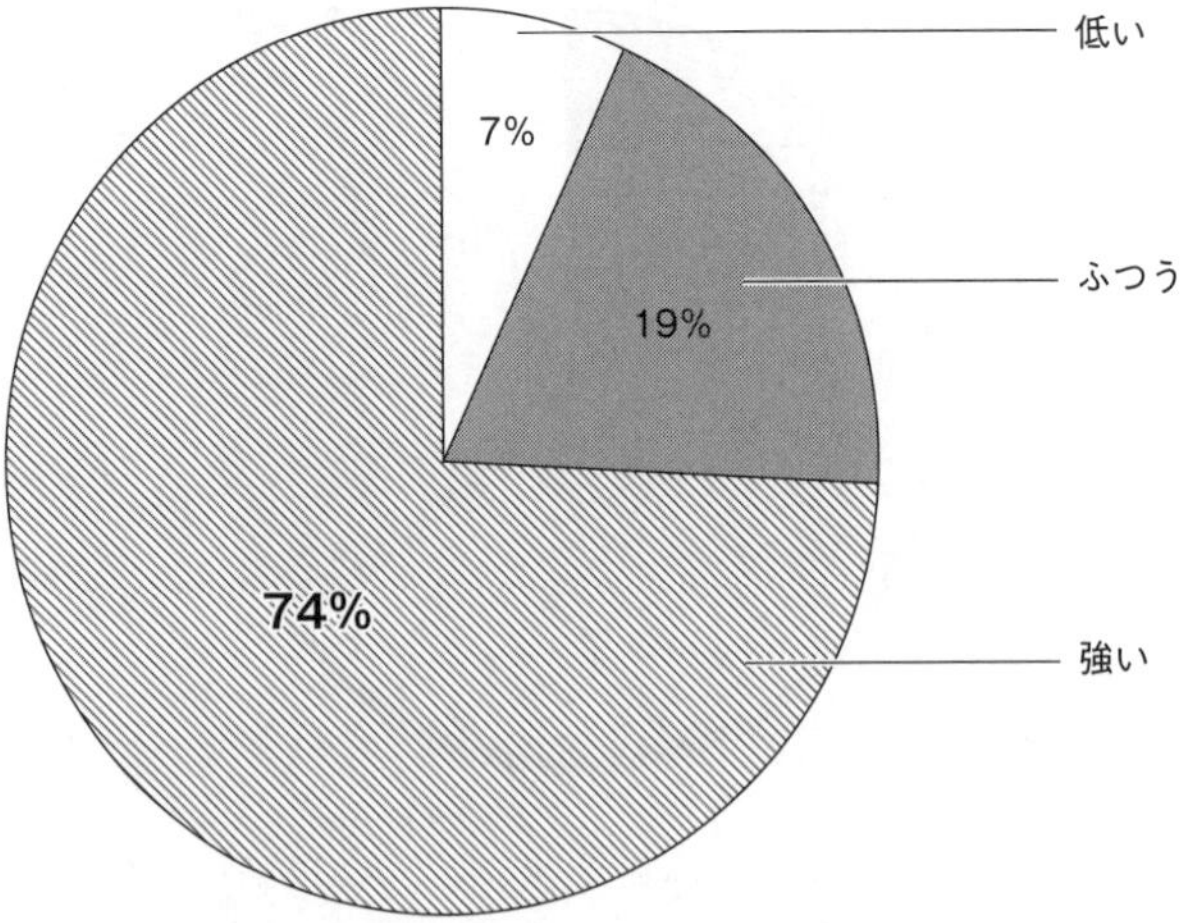

世界の日系人とどのように繋がりたいか（若手日系人・複数回答）

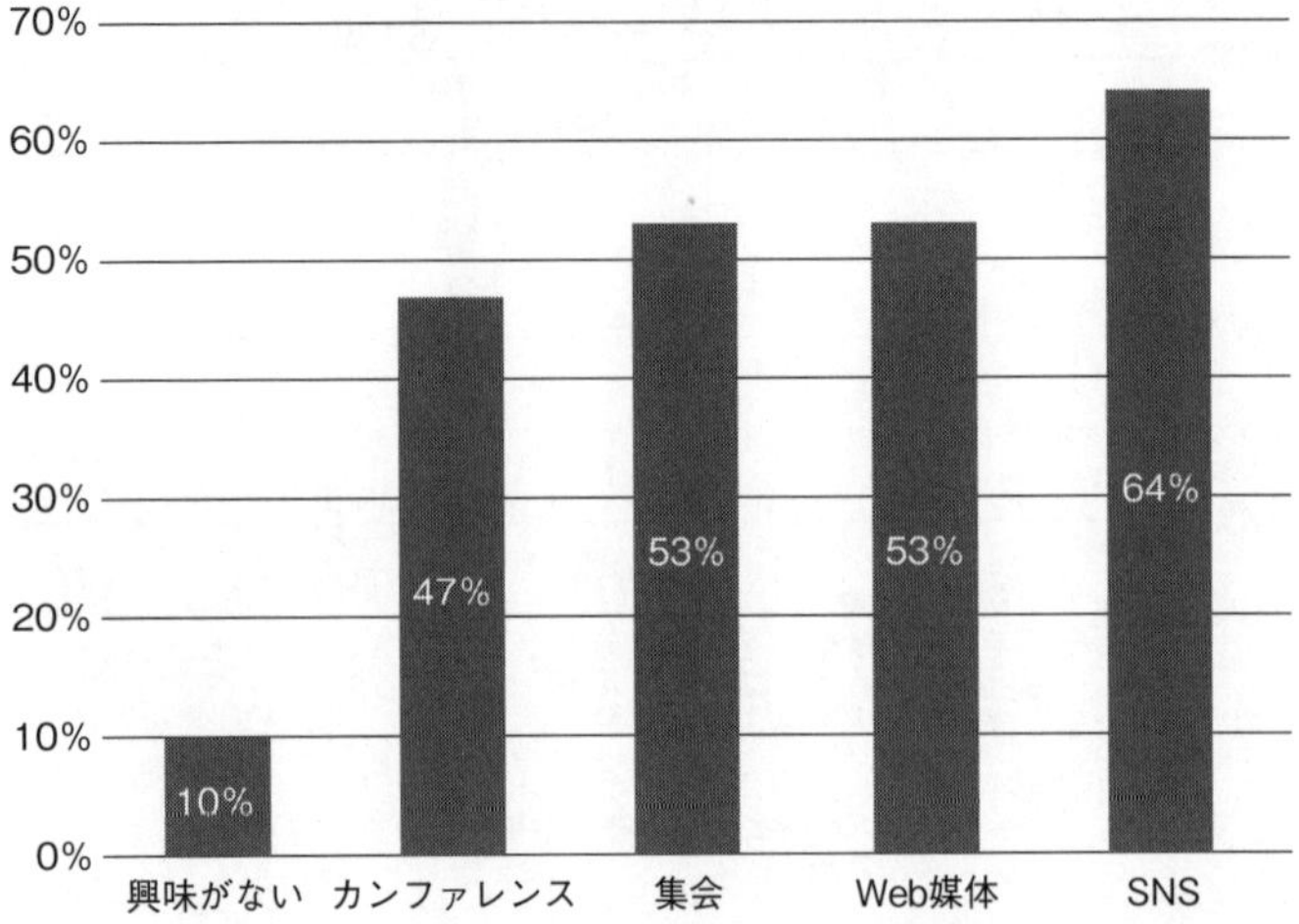

（2）グローバルな視点で

■アイデンティティーの叫び

ユニークな若手日系人意識調査はどのようにして立案されたのか。

日本財団でこのプロジェクトを担当したのは大久保郁子である。２０１５年4月から6年余り、日系人支援プロジェクト全体にかかわり、とりわけ若手日系人意識調査プロジェクトでは中心的なスタッフとして奔走している。

筆者は大久保には再三にわたってインタビューし、グローバル若手日系人意識調査について、プロジェクトの端緒から調査結果の取りまとめまでを説明してもらった。

きっかけは大久保が日本財団に入って間もないころだったという。当時、日系人事業を担務していた役員が大久保に一つの指示を与えた。

「日系人支援を、新たな発想で展開したい。どういう切り口の支援にするかというよりも、現代社会における日系人支援のあり方を再考したいと思う。どんなプロジェクトがいいか。検討してください」

その時、大久保が漠然と思い浮かべたのは中南米諸国の日系人を対象にした意識調査である。その結果をヒントに日本財団の今後の日系支援関連事業を組み立てる考えだった。調査対象の中心を中南米の日系人としたことに深い意味はない。当時の大久保が、日系人＝中南米への移住者＝という固定観念にとらわれていたからに過ぎない。

大久保は日系人支援プロジェクトの担当になって以来、ブラジルやペルーなど南米地域に出張したり、日本財団・日系スカラーシップの留学生たちと話をしたりで、当然ながら、日系人に接する機会が多くなった。

ある日、ハッとさせられたことがあった。自分の母国（居住国）と日本を行き来した経験がある日系人が、こう言うのである。

「母国にいる時は（顔つきから）日本人と言われる。ところが、日本に行くと（日本語がなめらかにしゃべれないから）外国人扱いを受ける。私は、いったい何者なのだろう？」

この日系人の心情が大久保にはよくわかった。大久保は、前述のように、父親の仕事の都合や自身の留学などから、一歳から五歳までと、十歳から二十三歳までの計約十九年間をヨーロッパで過ごした。だから、日系人ではないけれど、日系人と同じような経験があったからである。

「どこの国にも落ち着ける居場所がないと私自身がモヤモヤと感じていたことと、彼ら日系人が感じていたことがすごく似ていると思ったのです。私って誰だ、というアイデンティティーの叫びもすごく共感できました」

日系人の心理を掘り下げる調査をすれば、日系人だけでなく、日本と日本人にとっても、意味あるデータが得られるのではないか。

日系人をいくつかのグループに分けるなど、きちんと定義し直し、調査対象もグローバルに広げた方がいい。これはその後グローバル若手日系人意識調査の担当となった役員の意見でもあった。

■海外日系人大会

日本財団の若手日系人意識調査にグローバルな視点が付与されることになった誘因の一つに、2018年6月、米ハワイ州ホノルルで開催された海外日系人大会「ハワイ移住百五十周年記念大会」がある。主催は日本財団と深いかかわりがある公益財団法人の海外日系人協会。このイベントに日本財団から大久保が出席していた。

海外日系人協会については、日本財団が助成する日系スカラーシップを運営する団体としてすでに第3章で紹介しているが、海外日系人大会がどのような経緯で始まったのか、また海外日系人協会が設立された経緯、さらに日系人が関係する親睦団体や日米の慈善団体の動きについて、ここでまとめておく。

海外日系人協会によると、同協会は第二次大戦後に活動を始め、日系人と日本の架け橋の役割を果たしてきた。その源流は、米国の宗教団体や慈善団体などによる日本支援の活動である。

第二次大戦中、米国内にいた日系人や在留邦人は米大統領によって自宅退去を命じられ、全米各地の強制収容所に送られた。こうした措置に対し、日本国内からは赤十字社を通じて収容所に宛て、味噌や醤油、日本語書籍などの慰問品が送られ、収容所の日系人を感激させた。

第二次大戦後は、敗戦の混乱で食糧をはじめとする生活必需品にも事欠く日本に対し、今度は米国側から粉ミルクなどの食糧や衣料など「ララ物資」と呼ばれる救援物資が送られてきた。ララ（ＬＡＲＡ）とは米国のキリスト教団体や労働組合を中心として結成されたアジア救済公認団体（Licensed Agencies for Relief in Asia）の名称で、終戦の翌年１９４６年に活動が開始された。日本に対する物資支援は米国の在留邦人や日系人の働きかけで実現している。

ララ物資は１９５２年当時の推定で四百億円を超えたとされ、その約20％の八十億円が在留邦人・日系人からの援助物資だったといわれる。米国だけでなく、カナダや中南米諸国も支援活動を開始した。

海外日系人大会の開催は、日本人と在留邦人・日系人の間の以上の救援物資のやりとりがきっかけになっている。海外日系人協会によれば、国会議員の間に「在留邦人・日系人の労苦を慰め、同胞愛への謝恩を表す祭典」を開催しようとの声が上がり、準備が進められた。そして、日本の国連加盟が実現した翌年の１９５７年5月、海外十四カ国から三百六十四人の在留邦人・日系人が参加し、東京・大手町の産経会館で「国連加盟記念　海外日系人親睦大会」が開催されたのだった。

親睦大会は１９６０年の第二回大会から「海外日系人大会」に改称され、その事務局として「海外日系人連絡協会」が設立された。１９６２年の第三回大会以降は毎年大会が開催されるようになり、１９６７年には事務局が「財団法人海外日系人協会」と名称変更された。

第一回大会から六十一年経った２０１８年6月、ホノルルで開催された「ハワイ移住百五十周年記念大会」は数えて第五十九回目の海外日系人大会であった。十五カ国・地域から二百九十八人が集まった。

会場となったホテル「シェラトン・ワイキキ」に集まった参加者たちの顔ぶれは大久保の先入観とは少し異なっていた。大半はブラジルを中心とする中南米諸国と北米地域（米国、カナダ）の日系人なのだが、中には太平洋諸島のフィジー共和国やミクロネシア連邦、さらにはヨーロッパからやってきた日系人もいることに大久保は気付いた。

大会では「世界の日系レガシーを未来の礎に」をテーマに基調講演やパネルディスカッションなどが行われた後、六項目からなる決議が承認され、大会宣言として発表された。

大久保が引き付けられたのは、「グローバル化と日系人」とのタイトルがつけられた《決議３》だった。全文を引用する。

「居住国の言語や文化を身につけ、多文化が共生する社会で生きてきた日系人は、日本のグローバル化に貢献できる人材の宝庫です。日本企業のグローバルなビジネス展開や、日本の官民による国際協力において、日系人の総合的な能力を評価し、積極的に生かすことを望みます。それは日本と接点を持たない日系人が日本への関心を呼び覚ますことにもつながります」

日系社会自体がもっとグローバル化し、他の国・地域の日系社会とのネットワークを強化することが求められていると大久保は受け止めた。

海外日系人大会が閉幕した後、大久保はロサンゼルスに行き、全米日系人博物館の若手スタッフと「日系社会のグローバル化」についてブレインストーミングをしたり、日系メディアやボランティア団体の人に会って聞き取り調査をしたり、参考資料を集めたりした。

「その結果、日系社会に関しては、その地域にあって閉ざされ、隔離された存在であることが求められているのではなく、グローバルに広がった存在であるよう期待され、国を超えた日系人同士のネットワークを強化するニーズも高まっているとわかったのです」

そうしたニーズに応えるためにも、各国・地域の日系社会の実態や日系人の意識、さらには二十一世紀における日系人像をできるだけ正確に把握したいと思うようになった。それが、「グローバル若手日系人意識調査」の出発点だった。

■調査チームの苦心

調査はどのようにして実施されたのか。舞台裏をメモ書き風に紹介しておく。

大久保によると、プロジェクトの企画立案と推進を担う調査（研究者）チームは日系人の大学教授二人と大久保、さらに全米日系人博物館のスタッフ二人の計五人で編成された。大学教授のうちの一人は日系三世の研究者（博士）で、北米地域の日系人の子ども（ミックス）のアイデンティティー問題などに取り組んでいた。もう一人の大学教授（博士）は日系四世の女性で、南米における日系人の政治行動についての研究者だった。

大久保は日本財団でフィリピン残留日本人二世国籍回復問題に取り組んだことや、自身が幼少期から長期にわたってヨーロッパで生活した経験などから、北米や中南米以外の地域の担当として調査チームに配置された。むろん、プロジェクト全体を管理する役割も求められた。

全米日系人博物館の二人は英語と日本語のバイリンガル日系人である。調査チームの事務関係を受け持つほか、調査によってもたらされたデータ分析の助手を務めることもあった。

　この調査チーム五人の手足となって作業にあたったのが、世界十一カ国十二都市にいる計十二人の現地調査員だった。十二都市を地域別に列挙すると、北米はホノルル、ロサンゼルス、バンクーバー、南米はサンパウロ、リマ、ブエノスアイレス、アスンシオン（パラグアイ）、ヨーロッパはアムステルダム、ロンドン、アジア・オセアニアは東京、ダバオ（フィリピン）、シドニーである。

　これら十二都市にいる現地調査員十二人の役割は大きかった。先述の調査チームの指示を受け、プロジェクトの中核を占めるアンケート調査をオンラインで実施しただけでなく、調査の信頼性を補強するフォーカスグループディスカッションを対面で進行させた貢献度は低くはない。

　どのようにして現地調査員を選んだのかと聞くと、大久保は、この種の調査について、一定程度の知識・経験があること、さらに母国語以外に英語が話せることを前提にしたうえで、全米日系人博物館や海外日系人協会との連携を強調した。

「日本財団が直接アプローチしたこともありますが、全米日系人博物館のネットワークを使って調査員の候補者を選んだり、海外日系人協会の助言を得て、各国で影響力のある日系人に頼んで何人かの候補者を挙げてもらい、そのうえでわれわれが履歴書を見て選定したこともありました」

しかし、グローバル若手日系人意識調査は大掛かりなプロジェクトである。アンケート調査やグループディスカッション後のデータの分析が重要だ。準備段階から調査終了に至るまでに、苦心したこと、失敗したことはなかったのかと尋ねると、大久保は苦笑しながら「滅茶苦茶あります」と言った。

アンケート調査は、最も重視した文化関係の質問をはじめ、言語、食生活から、価値観、日系団体への帰属意識、アイデンティティー、東京２０２０オリンピック・パラリンピック開催を誇りに思うか……などなど、四つの章に分かれて計五十ほどの設問があった。質問は日本語のほか、英語、スペイン語、ポルトガル語の四カ国語版を用意しなければならなかった。むろん、回答も四カ国語版が必要になる。容易ではない。

調査チームの五人は全員英語ができる。しかし、日本語ができるのは大久保と全米日系人博物館の二人だけ。日系四世の女性教授はスペイン語とポルトガル語ができるが、日系三世の男性教授は英語しかできない。調査チームは以上の言語能力によって、日系人意識調査に対応し、リサーチの結果をまとめなければならなかった。

大久保によると、基本的には、チームが議論し、まず質問を英語で作り、それを四カ国語に翻訳する。回答も同様だ。翻訳は専門家（通訳会社）に外注したが、そのチェックは、結果の分析も含めて、調査チームの五人がしなければならなかった。

「調査が始まった時期は、まだコロナ禍が広がる前だったので、調査チームのメンバーとはメールで集計状況などの情報のやりとりをしながら、一～二カ月に一度はロサンゼルスに行き、対面で打ち合わせをしました。一回の打ち合わせだけで四～五時間はかかりました。大変な作業でした」

グローバルな視点に立った調査であったゆえに、地域によって日系人の意識が大きく異なることに改めて気付いたと大久保は語る。

今回は調査チームのメンバーの大半が日系アメリカ人であり、調査対象の大半も南北アメリカ大陸の日系人だった。したがって、質問も南北アメリカの観点から書かれていたから、ヨーロッパの日系人（中でも新日系人）には回答しにくい内容だったのではないかと大久保は反省している。

「ヨーロッパの日系人はまだ、『ニッケイ』という言葉を知らないのです。カラオケはすでに英語になっていますが、『ニッケイ』はまだ英語にもなっていません。実際、『ニッケイ』という言葉を聞いたことがない地域では、調査が難航しました。『ニッケイ』とは何かという説明から始めなければなりませんでした」

■日系人という存在

大久保郁子にインタビューを続け、約束の制限時間が迫って、最後の質問になった。

――日本人にとって、日系人とはどういう存在であると思いますか

「日系人とは、私から見て、日本にも、その他の国にもルーツがあって、日本人でもあり、外国の人でもある。いろんなところにルーツを持った、日本の良き理解者というか……」

その他の国にもルーツがあるというのは、ミックス（混血）の日系人もいるからだという。また、血統的には日本人だけの血が流れていても外国生まれの日系人もいる。

なぜ、日本の良き理解者になってくれるのかというと、日本にルーツがあるからこそ、日本に親しみを感じている人が多いからだ。大久保は続けて、日系人とは、何かあった時には日本に手を差し伸べてくれる人たちだと言う。

「日本はこれから、国際社会においてプレゼンスを上げていく必要がありますが、その中

で、日系人とうまく連携をとりながら日本の良さを発信すればいい。日系人はそのための良きパートナー、協力者なのです」

日本が今後、国際社会で活躍するには日本だけの力では目的を達成できない。日系人という、日本に興味を持つ人々と協働で物事に取り組むべきだ。日系人は仲介者ではなく、一緒に事業を推進していく「対等の立場のパートナー」だと大久保は繰り返し強調した。

「私たち日本人は日系人から学べることがたくさんあると思います。日系人と日本人は、ルーツが日本だということだけが共通点で、それ以外は肌の色も違うし、しゃべっている言語も違う。それでもルーツを同じくする人間同士としてお互いを支え合う気持ちが強い。ですから、日本人が日系人から学べることは多いと思います」

今回の調査について、大久保の追加のコメントは言い得て妙だった。

「日系人を深掘りすることによって、日本人の特徴・特性が見えてきたと思いました」

日系人とはどういう存在なのか。

そう言えば、２０２０年８月31日に開かれたグローバル若手日系人意識調査の記者会見で、日本財団会長の笹川陽平は記者の一人から踏み込んだ質問を受けていた。

——なぜ今、日系人を支援するのか。今の世界情勢の中で、日系人という存在が日本に

とってどのような影響を持ち得ると考えているのか

筆者も投げかけようとした質問だったが、記者会見での笹川の回答は淀みがなかった。

「日本人の移民と言えば、当初のころは、率直に言って、多少は悲劇的なイメージでとらえられていました。環境の悪い異国の土地へ行き、刻苦勉励し、現地社会で評価されるまでになった。そういう同胞をサポートするのは日本人として当然だろうという考えが、確かに根底にはあります」

笹川は続ける。

「しかし、時は流れました。日系人はそれぞれの居住国で、社会的に信頼される人間関係を築いてきました。日系人のそれぞれの国における活動と実績が、今後の日本との二国間関係、あるいは多国間関係に影響を与えるのは間違いありません。それぞれの国で活躍している日系人の皆さんの協力がこれからの日本外交には必要です。そういう日系人の方々を勇気づけることは、日本人として当然の義務であると私は理解しています」

日系人支援事業の中で重要な位置を占めるプロジェクトとなったグローバル若手日系人意識調査の根底には、笹川の情理に基づく考えがあったようだ。

第5章

新たな支援のスタイル

（1）少数精鋭の留学生たち

■三年ぶりの対面選考

２０２２年の９月から10月にかけて、日本財団・日系スカラーシップ「夢の実現プロジェクト」の二次選考（面接）が東京とサンパウロ（ブラジル）、さらにリマ（ペルー）の三会場で行われた。

この三年ぶりに実施された対面方式の選考試験は、受験する若者だけでなく、奨学金を助成している日本財団と、奨学生の募集・選考や奨学金の支給などの業務を担う海外日系人協会の双方にとって神経を使う行事であった。奨学金に応募した若者たちの人生を左右する一日となるかもしれないからだ。

設立以来では第二十期生となる奨学生を迎えることになる日本財団の日系スカラーシップだが、２０２０年と２０２１年はコロナ禍によって対面での面接選考が実施できず、代わりに日本財団を拠点にしたオンライン会議方式の面接が行われていた。それが「ウィズ・コロナ」の発想の浸透もあって、ようやく従来のやり方に戻った。

二十期生の募集には八カ国から五十四人が応募し、一次選考（書類審査）を経て計三十四人が面接を受けることになった。会場は留学や仕事などですでに日本に居住している応募者は日本財団ビル（9月28日）、スペイン語圏諸国の応募者はリマのペルー日系人協会（10月8日）、そしてポルトガル語圏の応募者はサンパウロのブラジル日本文化福祉協会（10月11日）の三カ所であった。ただし、応募者の都合などから、対面がオンラインになった場合もあった。全体として、対面とオンラインが半々だったようだ。

ともあれ、面接による最終審査の結果、ブラジル五人、ペルー二人、ボリビア一人の計八人がスカラーシップを獲得した。「学歴不問」という理想的な募集要件を掲げた日系人のための奨学金の合格率は14・8％。今回も少数精鋭の奨学生が誕生した。

佐藤なぎさ

面接選考には日本財団からは理事長の尾形武寿と事業担当者の中川瑞貴が、海外日系人協会からは担当の佐藤なぎさが出席していた。選考結果について、中川は「どういうわけか、今年は東京で面接を受けた応募者に印象に残る人が多かったように思います」と感想を述べ、佐藤は「ブラジル勢に優秀な人材が多かった」と振り返った。

■ファッションとAI農業と

日本財団・日系スカラーシップの現役奨学生やOBについてはすでに本書の第3章などで何人かを紹介している。しかし、コロナ禍による騒擾《そうじょう》によって日系人の若者の日本留学の意欲が低下したのではないかと気になっていた。そこで、対面での面接を行った中川と佐藤に、日系スカラーシップ第二十期生の中から選んだ二人の合格者のプロフィールを語ってもらった。

中川と佐藤がそろって「印象に残った合格者」の筆頭に挙げたのが、ボリビアからたった一人選ばれた二十九歳の日系二世の女性だった。すでに来日し、建築関係の会社で事務員として働いていたから、東京の日本財団で面接を受けている。

「応募の書類に目を通した限り、若い女性によく見られる、ファッションの世界への憧れ組ではないかと最初は思いました。しかし、実際に話を聞いてみると、なかなかしっかり

した考えを持っていることがわかってきました」（中川）

この女性はもともとファッション産業全体に強い興味を持っていた。アルゼンチンのパレルモ大学に留学し、ファッションデザインを学んで卒業している。ただ単に服のデザインをしたり、裁縫をしたりするだけの仕事をしたいのではなかった。

「世界のファッション産業の枠組みの中で、ボリビアを下請けの裁縫工場に終わらせたくないのです」

女性はその後、スペインの服飾専門学校で五カ月間学んだ。ファッションテクノロジーや生産管理についても学びたいと思ったという。

「彼女は働きながらファッション関係の学校へ行き、本格的に勉強することも考えたようですが、それは経済的にかなり難しいとわかった。それでどうしても奨学金がほしいと思ったようです」（中川）

女性のルーツは沖縄県で、当然ながら日本には強い関心を持ち、日本語の習熟レベルも高い。２０１７年から一年間、沖縄県の県費留学生として沖縄の大学に留学している。目標に向かって積極的に行動するタイプであった。

日系スカラーシップには過去にも一度応募したことがあり、二度目の挑戦で宿願を果たした。希望する留学先は一年間の日本語学校を経て、文化ファッション大学院大学の修士課程に決めている。同大学には第十八期生の日系アルゼンチン人三世、ハリマ・マイア・アジェレンが入学し、ファッションテクノロジーを学んでいることはすでにふれた。追求するテーマが似通っていることから、この女性とハリマは交流を深めることになりそうである。日系人の奨学生同士の新たな絆が生まれたわけだ。

「合格した女性は将来、ボリビアにファッション専門学校を自分で作る夢を抱いているようです。明るい性格で、他人との協調性もある。留学後は母国に帰ってもらいたいですね。日系社会だけでなく地域社会全体のリーダーとなる人材を育てることを目標とした『夢の実現プロジェクト』の趣旨にそった留学生だと思います」（佐藤）

日系スカラーシップ第二十期生の「顔」として、中川と佐藤がそろって推奨するもう一人の合格者は、ブラジル・サンパウロ州スザノ市出身の日系二世の男性である。三十歳になったばかりだ。

男性は大学ランキングで南米一と言われるサンパウロ大学で農業工学を学んだ。その後、ＪＩＣＡの「日系社会リーダー育成事業」の奨学金（前出）を得て、筑波大学大学院の修士課程（理工情報生命学術院）でＡＩ（人工知能）を使った農業の効率化（スマート農業）

の研究に取り組んでいる。修士課程からさらに博士課程へと進みたいので日本財団の日系スカラーシップに応募したのだった。東京で面接を受けた一人だ。

どんな研究をしているのかという質問に対し、「ウズラの卵に取り組んでいる」という日系ブラジル人二世の農業工学の研究者は、おっとりと答えた。

「どのウズラの卵が一番先に孵化するかを判定する研究です。孵化する確率を算出する装置を作っています」

何ともユーモラスな説明のしかたであった。ウズラの卵が孵化する確率をはじき出す装置は、農業の効率化につながる研究の一例なのだろう。スマート農業についての研究を博士課程でどのように展開するのかとの佐藤の質問には、現実的な答えがはね返ってきた。

「出身地のスザノの農場でフィールドワークを実践します。現地の農家や企業と連携し、スマート農業のモデルを作りたい」

例えば、である。ロボットトラクターやスマホで操作する水田の水管理システムなど先端技術を駆使した作業の自動化によって、農業の規模拡大が可能になるはずだ。

この留学生は筑波で学んだことを持って帰り、広大な国土を持つブラジル農業の革新につなげる大きな夢を描いている。

日系スカラーシップ「夢の実現プロジェクト」（２００３年開始）は、留学先を従来のアカデミックな分野だけに限定していないのが大きな特徴である。日系人の奨学生が日本で学ぶことができる分野は、ファッションのほかヘアメーク、武道、鍼灸、家具製造、和太鼓の製作など多彩な領域に及んでいる。

■日系スカラーシップの課題

日本財団の日系人関連プロジェクトは奨学金事業だけではない。その他にも中南米諸国を中心に、病院や老人ホーム、文化施設の建設や整備といった数多くの事業を展開し、日系コミュニティの枠を超えて評価を受けてきた。

だが、かつて多くの日本人が移住した国々における「日系人支援」をうたった一連の事業は今、大きな転換点にさしかかっているのではないか。日本財団の担当者たちは、そう自問している。

日本財団理事長の尾形武寿は２０２２年10月上旬から中旬にかけて、日系人支援プロジェクトを担当する和田真（チームリーダー・１９８０年生まれ）と中川瑞貴を連れ、ブラジルとペルーを巡回した。和田と中川はこの二カ月前の7月29日～8月9日の十二日間、ブラジルとペルー、さらに米国西海岸のロサンゼルスにも足を運んでいる。

尾形の10月の出張の主な目的は、日本財団・日系スカラーシップの面接選考をペルーとブラジルで行うためだったが、和田と中川にはそのほか、日系人支援プロジェクト全体の課題や新たな事業展開の可能性を探りだす仕事が与えられていた。コロナ禍もあって日本財団は7月まで海外出張を「必要最小限」とする自粛措置をとっていた。尾形と和田・中川は日本財団が発した三年ぶりの「南米・ロサンゼルス」出張命令を受けて現地に向かったのだった。

和田真

この出張で、和田、中川の二人は、日本財団にとって旧知の日系団体だけでなく、これまでは直接接触したことがなかった団体や新しく組織された団体を訪ね、とくに若手日系人を中心に徹底した聞き取り調査を行った。その結果、次のような意見をしばしば聞いた。

「日系スカラーシップの選考に関して、これまでの申請者は県人会などからの推薦状を取り付けることができる人に頼るなど既存の日系団体を重視していた。しかし今後は、既存の団体に所属していない若手日系人にも門戸を開くべきではないだろうか」

スカラーシップの申請者に対して既存の団体以上に具体的な推薦状を付与できる組織（所属の大学・大学院、勤務する日系企業など）があるとわかったからだ。したがって、申請の要件とした「日系団体からの推薦状」は必須とするべきではないというのである。

これについては、改めて和田に日本財団としての見解を確認すると、「（既存の）日系団体に属していない日系人からの申請の受け入れは前向きに検討したいと思っています」との返答だった。

和田は次のような例を挙げながら説明した。

「例えば、日本生まれ、日本育ちの日系ブラジル人が、親の仕事の都合により十八歳でブラジルに戻ったとします。この若者は日本生まれなので、ブラジルの日系団体とはかかわりがなく、日系組織には所属していません。それでも、大学で日本語をボランティアで教えたり、あるいは空手や柔道を続けたりして日本とつながっている人が、大学の先生の推薦状でスカラーシップに応募するというケースは大いにありうると思います。また、ブラジルの日系企業から推薦されることがあるかもしれません」

ただし、スカラーシップの申請者はあくまで日系人であることが前提であると和田は付け加えた。

「非日系のブラジル人まで対象にすると、広がりすぎて収拾がつきません。つまり、『日本が好きだったら誰でも応募できる奨学金』となってしまうことは避けたい。それでは、助成する側の日本財団としても、奨学金事業を運営する海外日系人協会としても、説明がつかないと思うからです」

これは、日系関連のプロジェクトの本質にかかわってくる問題だ。非日系の問題は、後で別の角度からも論考したい。

■帰国しない奨学生

日本財団・日系スカラーシップのホームページには、助成・事業主体の日本財団と海外日系人協会が「奨学生に期待すること」として、次の三点を列挙している。

①居住国と日本との間の理解促進や相互交流に貢献する人材

②居住国・地域社会の発展に貢献する人材
③次世代の日系社会を担いうる人材
そのうえで、次のように明記している。

「日本留学で専門性を身につけ、帰国後、母国である中南米諸国などで活躍したいという目標をしっかり持った方を奨学生として採用しています」

日系スカラーシップは２００３年の事業開始以来、中南米など十一カ国から計百五十六人の奨学生（２０２３年４月現在）を受け入れてきた。その多くが日本から母国（居住国）に帰り、期待通りに日系社会や日系だけではない地域社会で活躍していると聞く。

しかし、日本財団で日系人支援プロジェクトを担当する中川瑞貴はちょっと気になる傾向にふれた。日本の大学院などを卒業した後、帰国しないで日本に留まったり、母国以外の第三国に行ったりするケースが出ているという。

日系スカラーシップを運営し、奨学生の世話をしている海外日系人協会が最近、奨学生の卒業後の進路を調べたことがある。それによると、期待された通り、日本留学で学んだことを生かし母国で活躍している卒業生は約三割だった。これに対し、就職や進学、結婚などで母国以外の第三国に滞在する卒業生も約二割を占め、残り五割の卒業生が日本で留学を続けたり、就職したりしていた。

同協会の話では、以前から卒業後数年は日本にとどまる傾向が見られたが、ここ数年はとくに日本在住者が増えている。また、中川によれば、日系スカラーシップの卒業生は優秀で、英語にも習熟しているので、大学院の指導教授に引き止められ、帰国を先に延ばすケースもあるという。

日系スカラーシップの事業評価を行う場合、「帰国率」、つまり卒業後に母国に帰る奨学生の割合が成否の一つの指標になるだろう。中川は、しかし、奨学生が母国の日系人社会の発展のために帰国して活躍してほしいと願う一方で、奨学生一人ひとりの人生があるので、卒業後の進路は強制できないとの考えだ。

「卒業後は居住地にかかわらず、日系人としてグローバルに活躍してほしい。日本に残ったとしても、在日の日系コミュニティに貢献している人がたくさんいます。オンラインを活用して、母国の現地とつながることもできます。ですから、日本に残っていることだけをとらえて、母国に何の貢献もしていないとか、帰国しなかったからプロジェクトの成果が出ていないと判定するのは妥当ではないと思うのです」

和楽器の尺八に魅せられ、日系スカラーシップで留学して東京音楽大学で博士号を取得した日系ブラジル人三世のフチガミ・ラファエル・ヒロシはその後も同大学付属民族音楽研究所で研究員をしながら演奏活動を続けている。

フチガミは「もう少し日本にいて、研究したい。むろん、将来はブラジルを拠点に、尺八の伝道師になりたい」と言う。

日系スカラーシップの卒業生について、中川は次のように考えている。

２００３年に始まった日系スカラーシップの第一期〜第三期生は今四十代半ばにさしかかり、ようやく日系社会を見つめるゆとりをもつようになった。ある程度のキャリアを自分で築き、子どもにもあまり手がかからなくなったからだ。しかし、現時点の卒業生の大半はまだ三十代。もう少し時間が必要なのではないか。中川はそう思う。

うなずける見守り方ではないだろうか。

（2）日系の中の非日系

■日本語学校の異変

日系人支援プロジェクトを担当する和田真にとっては、予想外の事態だった。

2022年7月末から8月上旬にかけて、同じ担当の中川瑞貴と共に南米に出張し、最初の訪問地のブラジル・サンパウロで日本語学校を見学した時のこと。その学校で日本語を学ぶ生徒の七割が非日系人だというのだ。和田は他の日本語学校でも、日系人より非日系人の生徒の方が多いと聞いた。生徒だけではない。日本語を教える先生も非日系人が増えているという。これは、日系社会に入ることを希望する非日系人の動きと重なっているのではないか。

和田には驚きのデータだった。

「そんな事実を、僕は何も知らなかった」

ブラジルの日系人は約百九十万人とも推定され、海外居住の日系人では最多である。そんな日系ブラジル人にとって、日本語学校は本来、自分たちの子弟が言葉（日本語）を忘れないようにする「継承語」教育の場だったはずだ。

それがいつの間にか「外国語」としての日本語教育の場に変容しつつある。これは、日本語教師と学習者の支援や日本文化の普及に努めてきたブラジル日本語センター（１９８５年設立）の認識でもある。

ポルトガル語圏のブラジルだけではない。スペイン語圏の国でも同じような現象が起きていた。

国際交流基金によると、２０２０年10月現在、ペルーの首都リマでは、日系人が設立し、ペルー教育省の公認を受けたラ・ウニオン総合学校やラ・ビクトリア校など五つの小中学校において、また、リマ以外の都市では三つの小中学校において、第二外国語として日本語を教えているが、これらの学校ではすでに過半数の生徒が非日系人であった。

日本語を母語としない人の日本語能力を測定し、認定する試験として国際交流基金と日本国際教育支援協会が１９８４年に開始した「日本語能力試験」がある。開始当初の受験者数は全世界で七千人ほどだったが、２０２２年の受験者数は約七十九万人にのぼった。世界最大規模の日本語の試験である。

試験のレベルは初級のＮ５から最も難易度の高いＮ１まで五段階に分かれている。この日本語能力試験について、和田はサンパウロ日本語センターの日系人教師が次のように話すのを聞いた。

「三十年前の日本語学校では最上級N1認定者の多数を日系人が占めていたが、今はN1の多数が非日系人の生徒です。もう三十年もしたら、非日系人の教師が五世、六世、七世の日系人に日本語を教える時代になる」

将来起こりうるこの予測をどう受け止めればいいのか。

■「世界交代」が起きている

ブラジルやペルーの現代日系社会の印象について、和田は率直に語った。

「日本語をしゃべることができない日系人が思ったより多かった。というより、日本語をしゃべる人がほとんどいないのではないかとさえ思いました。驚きでした。三世より若い四世、五世になると、もう日本語よりも英語の方が得意だという日系人が多いのですから。何かしら、残念な思いがしました」

例えば、「しとしと雨が降る」という日本語の語感が感知できないと、その情景は頭に浮かんでこないと和田は思う。

言語とアイデンティティーに相関性があるとすれば、日本語を習得していない日系人のアイデンティティーは、英語とか、ポルトガル語とか、スペイン語が基盤になってしまうので、日本人が本来持っているアイデンティティーとはちょっと違うものになるだろう。だから、「しとしと」の情景を思い描くことができないというわけだ。

日系人の日本語能力の低下は、日本人としてはやはり危機感を持たざるを得まい。しかし、非日系人の日本語能力の向上を歓迎しないとすれば、狭量である。

ちなみに、和田は大学で国文学や日本文化を専攻したわけではない。それとは一八〇度異なる分野を学んだ。新潟県の県立高校を卒業した和田は日本国内の大学には進学せず、米国バージニア州の私立エモリー・アンド・ヘンリーカレッジに留学し、国際関係学と経済学の学士号を取得している。さらにワシントンＤＣのジョージ・ワシントン大学に進み、国際関係学（日米関係）で修士号を取得した。国際情勢のバランス感覚を心得た和田が日本財団で日系人支援のプロジェクトに携わっている。

ところで、ブラジルやペルーの非日系の人々の間で、根強い日本語学習熱が続いているのはなぜか。

ペルー日系人協会が2018年5月から2019年3月にかけ、ペルー国内十カ所の日本語教育機関・計三千七百九十二人を対象に実施した調査によれば、学習動機には①日本語そのものへの興味②マンガやアニメなど日本のポップ・カルチャーへの関心③日本への留学④将来の就職——などが挙げられる。

和田は指摘する。

「現地の日本語学校の状況を見ても、日系人より非日系人の生徒の方が日本語学習熱は高い。日系人だからといって日本語がわかるわけではなく、日本文化を理解しているわけでもない。非日系の人たちの方が、マンガやアニメなどを通じて日本文化を吸収しているのである。非日系の人たちを取り込まないと、日系社会はどんどん先細りしていくような気がする」

和田は出張で知り合いになった邦字紙「ブラジル日報」の記者が口にした、次のような寸評に感心したという。

「日系人の中で、今は世代交代ではなくて、世界交代が起きている」

日本語での日本文化の継承なら単純な世代交代といえるが、そうではなく、ポルトガル語やスペイン語、さらには英語ベースでの日本文化の継承になっている。だから、日系社会では単に世代交代が起きているのではなく、住んでいる世界が変わりつつある、つまり「世界交代」が進んでいるとの意味だ。日系社会についての強い危機意識でもある。

■若手リーダーの問題意識

２０２２年7月29日〜8月9日はブラジルとペルー、さらに米国西海岸ロサンゼルス、そして10月6日〜17日は再び南米のペルーとブラジルへ……。

中川瑞貴にとっては、新たな支援事業のありようを探究する出張だった。直属の上司である和田真と共に理事長の尾形武寿に随行する役目だけではなかった。中川はのべ二十三日間にわたる日程をフルに使い、さまざまな日系団体や病院、老人ホーム、文化施設などを訪ね、日本総領事館や邦字紙などのメディア関係者らを含む多分野の人々から精力的に聞き取り調査を続けた。

最初の出張でブラジル・サンパウロに着いた翌日の7月30日、中川は和田と共に、日系社会の若手リーダーたちと会食している。もともとブラジルに何のコネクションもなかった中川は出張前、ブラジル日系社会の関係者に連絡をとり、現地の実相を知る人物を何人か紹介してもらった。限られた出張日程を有効に使うため、会食を含む会合の約束を事前に取り付けていた。

若手リーダーたちは二十~四十代の四人で、全員が「プライベートな時間はすべて日系社会のための活動に費やしている」と言った。

その中で中川がとくに熱心に話を聞いたのは、弁護士で、ブラジル日本青年会議所の会頭を務めたこともあるロドルフォ・エイジ・ワダの話だった。ワダは四十代前半だが、2023年1月現在、ブラジル最大の日系人団体である「ブラジル日本文化福祉協会(文協)」の五人の副会長のうちの一人である。

(注=日本財団の和田真と混同しないよう、文協のワダは今後もカタカナで表記する)

文協は、ブラジルの日本人移住五十周年を迎えた1958年に創設された「サンパウロ日本文化協会」を前身とする。会員である日本人移住者・日系人同士の親睦のほか、経済活動や子どもの教育、医療・衛生問題、行政への対応などでの相互扶助を中心に活動を続けてきた。サンパウロ市に本部を置き、会員からの会費や寄付、そして講堂やホール、会議室などの使用料やさまざまな事業収益を収入源として運営されている。2006年、現在の名称「ブラジル日本文化福祉協会」に改名された。

しかし、中川がワダの話に耳を傾けたのは、ワダが日系人団体の幹部であるからでも、また、ブラジル社会のエリート層の一員であるからでもなかった。ワダがブラジルの日系社会の現状に精通し、課題を客観的に分析していると思ったからだ。

ワダは文協の幹部の一人ではあるけれど、日系社会の重鎮とされる存在ではなかった。言ってみれば、新思考型リーダーの一人であった。

■日系社会の大胆改革

中川が聞き取ったワダの話は、日系社会の根本的な改革論であった。大胆ともいえる提言であった。中川の理解によれば、次のような内容である（《》内はワダの発言の要約）。

《今の日系社会の最大の課題は、いかにして若い日系人だけでなく、非日系人をも引きつけてコミュニティを維持していくかである。最近、両親が日本人や日系人ではなく、自分は非日系だが日本が好きだという人がかなり日系コミュニティに入ってきている》

日系社会の中に予想を超える多数の非日系人が入ってきているという現象は、中川には驚きだった。

《曾祖父や祖父が日本人だから自分は日系人なのだが、自分自身は日系社会には全く関心がないという人が最近はかなり増えてきている。そんな中で、アニメとかゲームとかのポップカルチャーや合気道などのスポーツがきっかけで日本が好きになって新たに日系社会に入ってきた非日系人がいる。そういう人たちを私たちは大事にしたい》

日系社会に入りたいという非日系人の願望はブラジルだけでなく、ペルーや米ロサンゼルスでも知らされたと中川は話す。

《血のつながった日系人だけではもう、日系社会を維持することはできない。三世、四世、五世……と時代が進んでいくと、100%日本人だけの血の日系人なんて存在しなくなってしまう。日本人の血が混血というかたちで多様化していくなかで、どこまで血のつながりに重点を置くべきか。新たな日系社会の構築では、もう血のつながりにこだわる必要はないのではないか》

筆者などの考えからすれば、これはかなり先鋭（急進）的な日系社会の再構築論である。中川は事前に、南米の日系社会には一定数の非日系のメンバーがいるだろうと想像していたが、実際に現地に来てみると、日系コミュニティが非日系人をいかに大事にしているかを確認できた。

《非日系なのに日系コミュニティに親しみを感じるだけでなく、日系のお祭りやイベントにボランティアとして貢献したりしている。日系団体のメンバーになっている人もいる。一部の日系団体は非日系人の役員を認めているという。さすがに会長は日系人でないとなれないようだが……》

一方で、中川が指摘するのは、日系人でありながら、日系文化に興味を持たない日系人が増えている事実である。ブラジルやペルーのエリート層の中には日本にあまり興味を示さず、大学留学やビジネスの面で北米やヨーロッパ志向が強い人が少なくない。そんな現状の中、自分たちでコミュニティを維持し、日本文化を発信していきたい日系社会としては、非日系人であっても日本に興味があって、一緒に活動してくれる人は大歓迎である。日系人の若手リーダーの一人であるワダはそう考えていると中川は受け止めた。

■在ブラジル日系人

中川は2022年7〜8月に続く10月の南米出張でサンパウロを訪れた際にも、ブラジルの文協第五副会長のワダと懇談している。この時中川は、日本財団が今後実施を検討している日系社会支援事業の課題を自分なりにまとめた資料をワダに示し、意見を聴いている。中川の認識について、ワダは「間違っていません」と評価した。

中川が洗い出した課題の要点をざっと列記すると、次のようになる。

▽出稼ぎの子どもたちの教育問題

▽日本で暮らして中南米に帰国した日系人が日本を感じ続けられるツールが不足している

▽日本とつながりたいと思っている、海外に住む日系人に十分な情報提供ができていない

▽現地の若手日系人の日本への関心の低下（例えば、留学先に日本ではなく欧米を選ぶ）

▽日本は日系人の血統を重視するが、現地では実際のところ、非日系を含む多様な人々が日系社会にかかわっている

▽いつも特定の層の日系人（例＝県人会や日系団体のリストに載っている人やその家族友人）にしかアプローチしていない

▽大手日系団体の幹部の価値観が古い日本の考えに固執している

このように列記した中で、日本財団が早速取り組んではどうかと筆者が思ったのは、冒頭に挙げた「出稼ぎの子どもたちの教育問題」である。日本で幼・少年期を過ごして中南米の母国に帰った日系人の多くが抱える共通課題だ。

和田は7～8月の南米出張で、部下の中川と共にサンパウロの邦字紙「ブラジル日報」の編集長を訪ねている。日本財団が新たな日系人支援事業に取り組もうとするのなら、これまでは接触したことがなかった小さなグループや新しく組織された団体を探し出す必要がある。和田と中川は地元日系メディアなら何か情報を持っているはずだと期待したのだった。

日本財団の新たな日系人支援のあり方について和田が話を切り出すと、編集長はその場で二人の若手記者を紹介した。

「まず、この二人の話を聞いてください」

しばらくの間、和田は二人の生い立ちについての聞き取りに没頭することになった。

出稼ぎで日本に行った日系ブラジル人の子どもとして生まれたという点で、二人の生い立ちは共通している。二人はそれぞれ、山梨県と愛知県で育ち、小・中学・高校まで日本にいて、ブラジルに帰ってきた。

だから、国籍はブラジルだが、母語は日本語で、日本育ちの日系人という存在である。「ふつうの日本人と同じように日本文化を吸収してきたわけで、生半可な日本人より日本人らしい」

しかし、アイデンティティーを確立しにくい環境で育ったと和田は表現した。

問題は、幼児期から少年期にかけて日本に住んでいたのだから、ブラジルに帰っても地元の日系団体とは何のつながりも持っていないことだった。かと言って、身を寄せる場所もない日本に戻るわけにはいかない。こういう日系の若者を支える集いを創設できないものか。

中川は、このブラジル日報の二人の記者が「われわれと同じような日本育ちの体験をしてブラジルに帰ってきた若者を支えるグループを作りたい」との熱意を持っていることに動かされた。10月の出張の際、中川は帰国日程を二日延ばし、再度二人を訪ねて懇談している。

支援対象の若者たちを仮に「在伯日系人」と呼ぶことにする。「在ブラジル（伯剌西爾）日系人」である。

中川が話を聞いたところ、驚いたことに、「在伯日系人」、つまり日本育ちの日系人を支援する活動は前回話を聞いた8月の時点に比べると、すでに具体的に走り出していた。

ブラジル日報の記者二人はまず、同じような日本体験を持つ知人やその周辺の人たちだけの参加によってスマートフォンで利用できる無料メッセージアプリのグループを作り、9月6日には第一回のオンライン交流会を開いた。参加者は約十人だった。大半が二十代だったが、三十代半ばの人もいた。

交流会はメンバー各自の自己紹介で始まり、続いて在伯日系人の間ではよくある体験談が披露された。活動目標としては三つの柱が掲げられた。

①第一に「日本文化の普及」を図る。

②並行して「在伯日系人の支援」を行う。

③最終的には「日系団体の統一化及び活性化」を目指す。

交流会について後日アンケートを実施したところ、「(同じような体験をした)仲間がいることがわかってうれしかった」という感想が多かったという。

オンライン交流会は二週間おきに、その一方で参加者が実際に顔を合わせるオフライン会も月に一度開催されることになった。

在伯日系人支援活動の第一に「日本文化の普及」が掲げられているのは、「日本文化」

についての彼らのこだわりを表している。

中川によれば、彼ら（日本育ちの日系ブラジル人）は次のようなことをよく話す。「日本からブラジルにやってきて驚いたことは、ブラジルの日系社会で『これが日本だ』と言われているものは、実際にはすごく古い日本なのだ。そんな少し奇妙な〝日系文化〟も、それ自体に味わいはあるのだけれど、やはり、現代の日本文化を正確に伝えていきたい」

日本文化の伝承と並ぶ活動目標である「在伯日系人」支援の分野では、課題がいくつか浮かび上がった。進学や就職を日本とブラジルのどちらでするか。悩みの相談コーナーを設ける提案も出された。

在伯日系人支援のオンライン交流会の参加者は三回目で約二十人となり、運営スタッフも八人となった。

■カエルプロジェクト

中川が10月の出張で訪問したもう一つの団体は「カエルプロジェクト」という名の団体である。

親の出稼ぎによって日本に暮らすことになった日系ブラジル人の子どもたちはバイリンガルになることが理想であるが、実際には日本語にもポルトガル語にも十分に習熟しないまま育つことになるケースが少なくない。「カエルプロジェクト」は、ブラジルに帰国後、現地の公立学校に通うことが困難になった子どもたちの支援を大手商社が拠出した基金による資金的な協力を得て行っている。引きこもりや学習障害に対して週一回の心理カウンセリングを実施し、大学生のボランティアが勉強を教えたりしている。なんとか卒業にこぎつけるまで支えるのが目標だが、高校卒業後の進学や就職は容易ではない。

しかし、中川は、そういう困難を抱える日本生まれの日系人仲間を助けようという日系人が確かにいるとの感触を得た。

「既存の日系団体の青年部ではなくても、出稼ぎの子どもの境遇から立ち上がって立派な社会人になったり、大学院に進学した若者がいます。小さなグループであっても新しい考え方をもち、何かをやろうとしている日系人たちが確かにいるのです。そういう人たちと一緒に日本財団は活動したい」

中川はこう付け加えるのを忘れなかった。

「いろんな困難、共通課題を抱えている人がいる人たちを（日本財団が）助成するのは大きな意味があります。でも、そういう活動は、最初はいいのですが、三年たち、五年たつと、最初に運動を担った人たちが本業や結婚・子育てで忙しくなったりして、パワーがなくなってしまうことがよくあると聞きます。運動をいかに持続させるかが肝心です」

プロジェクトの意義
～尾形武寿理事長に聞く

日本財団の理事長を務める尾形武寿は、会長の笹川陽平を支える最古参の役員である。シリーズ本『日本財団は、いったい何をしているのか』第八巻のテーマである日系人支援プロジェクトはこれまで述べてきたように、尾形が日本財団に入った１９８０年ごろから国際協力事業の一つとして本格化した。それ以来、尾形は北米・中南米の日系人が住む国々を訪ねまわった。

２００３年からは、日本財団が助成し、海外日系人協会が運営する日系スカラーシップ「夢の実現プロジェクト」が始まり、奨学金の応募者の面接のため、尾形は南米には毎年のように出張した。コロナ禍によって２０２０年と21年の出張は取りやめ、オンライン会議方式の面接となったりしたが、２０２２年は三年ぶりに対面方式を復活させた。尾形は10月上旬から中旬にかけて、ペルーとブラジルの二カ国を訪れている。

そこで第八巻の締めくくりにあたり、事業を俯瞰する立場にある尾形に、プロジェクトに関連するエピソードをふんだんに語ってもらうことにした。そのように頼んで話に耳を傾けているうち、日本財団の社会貢献事業の中では異色の活動であり、なかなか判然としなかった日系人支援プロジェクトの意義が、筆者にも少しずつ認識できるようになってきた。霧が晴れていくような思いであった。

■そもそも国策だった

――一世紀半前の、移民が始まったころの時代背景をどうとらえていますか

尾形「明治維新の年（1868年）に打ち出された農家の次男、三男坊らによるハワイ、そして南米などへの移住は、まさに国策に基づくものでした。当時の日本は『富国強兵』の国家的号令の下で工業化が進み、江戸時代には安定していた人口調整機能が崩れ、社会全体で養えない人々が出現しました。それを解決する有効な方策として移民が奨励されたわけです」

――日本財団の日系人支援プロジェクトの根底には、国の呼びかけに応じて海を渡った人々の労苦に報いる意味合いが強く滲んでいるようですね

尾形「私が、かつての開拓地や移住先に行ってみて感じるのは、想像を絶する移民一世たちの苦闘です。大変な辛酸をなめたに違いない。その苦難を日本人が持つ忍耐力と勤勉さで乗り越えた人もいれば、努力は報われず、開拓地の所有者にはなれなかった人もいます。洞窟の中で三十年間も暮らしていた日系人がいるとの話も聞きました」

――日本財団としてはまず、そういう労苦を労いたいと考えたわけですね

尾形　「真珠湾攻撃後の日米戦争の最中、とくに米国本土の日系アメリカ人は、いわゆる敵性外国人として強制収容所に入れられたり、財産を没収されたりしました。しかし、それは、本国の日本政府の政策が元々の原因です。日系アメリカ人には何の責任もないのに、敵性外国人の扱いを受けた。アメリカ以外の国でも同じような事が起きた。そして、移民であるがゆえの苦労は戦後も長く続いた。本国の日本にいる人間としては、移住国にいる日系人に手を差し伸べないわけにはいかないのではないか……。これが、1980年当時会長だった笹川良一の強い思いでした」

——日系人支援プロジェクトで、これまでどんな国を訪問しましたか

尾形　「北米大陸のアメリカとハワイ州。中南米ではペルーにブラジル、アルゼンチン、チリ、メキシコ、ホンジュラス、コスタリカなどです。日本財団がなぜ、そういう国々の日系人支援を実施しているかといえば、日本を遠く離れた国で尊敬される日系人同胞が一人でも多く育ってほしいからです。日系人は勤勉で、正直で、忍耐強く、そして清潔だと、最高の評価を得ています。そういう人たちがその国の社会的地位においても尊敬されるような人材に育ってほしい。そんな思いが私にはあります」

■エンマヌエル協会老人ホーム

移住した日系人への思いを込めた支援プロジェクトが、今も問題なく運営されているか。日本財団としては気になるところだ。尾形は2022年10月、三年ぶりの南米出張の際、ペルーとブラジルで支援している施設数カ所を再訪し、現状を見て回った。

「びっくりするほどきれいになった」

尾形が感激の面持ちで語ったのは、ペルーの首都リマ市中心部から西へ五十キロメートルほどのカヤオ市にあるエンマヌエル協会日系老人ホーム・診療所など各施設の状況だった。日本財団は2000年度に老人ホームの整備▽2012年度には老人ホームの増築と診療所の医療機器拡充▽2015年度には小型バス二台の購入――の三つの事業で計一億三千五百五十二万円を助成している。

エンマヌエル協会はペルーの日系人社会で初の司祭となった日系二世の加藤マヌエル神父（1926〜2017年）が1981年、孤児院を設立したのが始まり。その後、日系人グループや加藤神父の友人・知人、さらに日本財団などの支援によって、孤児院だけでなく保育所、診療所、老人ホームへと事業は拡大された。日本財団の支援で増築された老人ホームの居住エリアには三十二人が入居している。

——エンマヌエル協会を久々に訪問して、どんな印象を受けましたか

尾形　「すべてが整っている様子に驚きました。もともとは貧困層が多い地域の養鶏場があった場所の土地を借りて、老人ホームを始めたのです。ホーム内には庭も何もない。殺風景なものでした。それが2012年の増築の際、これまでゴミ置き場だった場所を日本風の庭園に作り変えたと聞きます。芝生があって、白い砂を敷き詰めた庭園です。ああいう造園は、南米の日系人の中でも日系ペルー人だけの独特の技です。庭を眺めていたらゆったりと一日が過ごせると思いました」

——協会は、なんでも支援してもらおうというのではなく、できるだけ自立しようとする姿勢なのですね

尾形　「日本財団はエンマヌエル協会に毎年助成していたわけではありません。協会が自ら工夫して、自助努力で施設や器材を手入れしているのです。過去に支援を行った医療器材も適切にメンテナンスされています。じつに支援のし甲斐のある施設になっていました」

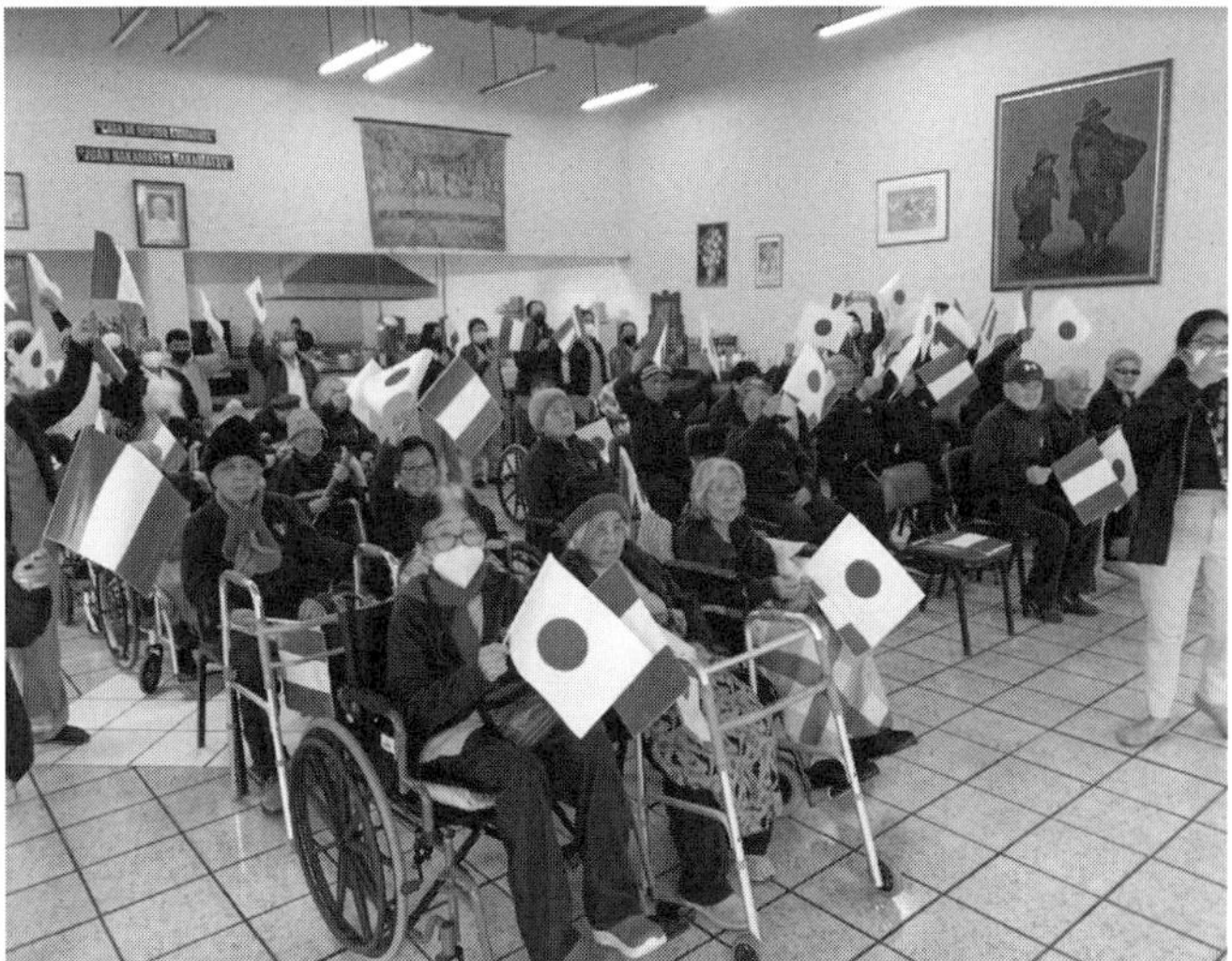

日本、ペルーの両国の国旗を打ち振り、日本財団の一行を迎えたエンマヌエル協会老人ホームの入居者たち（2022年10月＝和田真撮影）

■日秘移住百周年記念病院

――日本財団がかかわった日系社会の支援事業の中で、支援開始当初の予想を大きく超える現象が起きているプロジェクトは何でしょうか

尾形　「その代表例に挙げられるのは、ペルーの『日秘移住百周年記念病院』ですね。この病院は日系社会だけでなく、ペルー社会全体の信頼を得ています」

病院の沿革を記しておく。

1999年の日秘移住百周年を記念し、2005年12月、リマ市内に開設された。ペルー日系人協会が運営にあたる総合病院である。「ペルー」は漢字では「秘露」と表記することから、病院の日本語名称の冒頭には「日秘」が冠されることとなった。

集中治療室、CTスキャン、MRI、超音波検査、内視鏡検査、マンモグラフィー、核医学検査、骨密度計などの画像診断装置を完備している。しかも診療費が安いため、開設当初から日系人以外のペルー市民が多く訪れた。

当初、病院の建物は地下二階、地上九階だったが、患者は開設直後から増え続け、三年

半後には一日約四百五十人の外来患者を二十四時間体制で受け入れることができるようになった。入院・長期治療のニーズにも対応するため、十階〜十四階部分を増築する計画が持ち上がり、２００９年６月に着工、二年後に竣工している。病床数は三十八から百十二に増えた。病院の増築費は約五億円だが、その六割にあたる約三億円を日本財団が支援している。

リマ首都圏の人口は約八百万人。記念病院の外来患者は今や一日約千人にのぼっている。

２０１１年６月14日、病院増築の竣工式典に出席した尾形が、集まった約二百人の日系人に向けたスピーチは本音がこもった内容だった。

「あなた方の先祖は非常に苦労して今日を築いた日本人ですが、あなた方は日本人というより、（日系の）ペルー人です。だから、あなた方は、ペルーという国に忠誠を誓ってください。けれども、自分のルーツが日本であることは忘れないでほしい。私の方は、あなた方が『私の本国は日本だ』と胸張って言えるような国づくりのために努力します」

日秘移住百周年記念病院の沿革をたどっていくと、いくつものエピソードに行き当たる。その一つが、この増築の竣工式典である。

式典で、尾形に続いて演壇に立ったのは当時のペルー大統領、アラン・ガルシア（１９

49〜2019年）だった。その時の大統領のスピーチの内容を予期した人はいなかった。

ガルシアは1985年に三十六歳でペルー大統領に史上最年少で当選して話題を集めたが、一期務めた後は汚職疑惑もあって亡命生活を強いられた。しかし、ガルシアの後を引き継いで大統領となった日系人のアルベルト・フジモリが2000年、側近の汚職がきっかけで大統領職を罷免されたこともあり、ガルシアは政治家として復活する。2001年、罪を許されて帰国したガルシアは2006年の大統領選挙で当選し、二度目の国家元首就任を果たした。

浮き沈みの激しい政治家人生を送ったガルシアは二度目の大統領在任中にも汚職への関与を疑われるが、日秘移住百周年記念病院の増築竣工式典で行ったスピーチは、出席した日系人たちを驚かせる内容だった。

「このような場で大統領として話をするのは最後かもしれない」

そう前置きしたガルシアは、目の前にいる日系人に向かって、自らの気持ちをぶつけるように語りかけた。第二次大戦中にペルー政府が日系人数千人を無作為に逮捕し、米国の強制収容所に送り込んだ事実についての正式謝罪だった。

「数千人の日系人が家や農園を失い、終戦後もペルーに戻れなかった人が多い。無法者たちはあなた方の家や会社を略奪し、財産をわが物にした。それに対し、ペルー政府は正式に謝罪していません。そのことについて、この場でペルー国を代表して、正式にお詫び申し上げます」

第二次大戦中、ペルーを含む中南米諸国の多くは米国の強い影響下にあり、排日政策を採った。１９４１年に日米戦争が始まると、米国の要請を受けて日系人の資産を凍結し、42年から45年にかけて多数の日系人を強制的に米国に移送したり、移民労働者用キャンプに収容したりしたという。米政府は日系人の強制収容についてようやく１９８８年、当時のレーガン大統領が正式に謝罪し、被害者一人当たり二万ドルの賠償金を支払ったが、ペルー政府の対応はそれよりも遅れていた。

ガルシアがペルー政府を代表する大統領としての立場を強調しながら、目の前の日系ペルー人に対して「公式謝罪」したのは、その直前に尾形が日系ペルー人に向かって「(日系人であっても) ペルー国に忠誠を誓うべきである」と道理を説いたからではないか。尾形はそう理解した。ならば、ペルーという国家もまた、自らの国民である日系ペルー人の忠誠心に報いる責務として、まず謝罪しなければならない。

熱情がこもったガルシアの「公式謝罪」演説を聞いた尾形は「その場にいた日系ペルー

人は皆、涙を流した」と証言する。
この日から一カ月半後の2011年7月、ガルシアは大統領を退任する。そして、その約八年後、ガルシアはブラジルの大手建設会社から賄賂を受け取った疑惑に晒されていた最中に、拳銃で頭を撃ち、自決した。この劇的な生涯の閉じ方と日秘移住百周年記念病院での謝罪スピーチによって、アラン・ガルシアは日系ペルー人の記憶に残る大統領になった。

――日秘移住百周年記念病院の意義はどこにあるのでしょうか
尾形「病院の名称に『日秘』がついていますが、実際には、日系人専用の病院ではないところに大きな意義があります。現実に、非日系人の患者の方が圧倒的に多いのです。もちろん、医師は日系人だけではありません。多くの優秀な非日系人の先生がいます。それでも、日系人の医師やスタッフが病院の信頼度を高めたのは事実です。日本財団が実施した日系人支援プロジェクトによって、日系人だけでなく、非日系人も裨益《ひえき》しているということなのです」

■日本財団会長の緊急手術

日秘移住百周年記念病院の沿革をたどっていて、記録にとどめておきたいと思うエピソードがもう一つある。それは、記念病院と日本財団との絆の深さを物語るエピソードだと尾形武寿は思う。

２０１２年１月28日夕刻（ペルー時間）のことだった。日本財団会長の笹川陽平は毎年のように行っているハンセン病の患者、回復者とその家族らを励ます旅の途上で、南米ペルーの中部アマゾン地帯にあるウカヤリ県プカルパの空港にいた。

午後６時半発の飛行機に乗り、首都リマに戻る予定でいた笹川だが、搭乗時間を待つうち少し気分が悪くなり、ベンチで横になった。複数の同行者の所見によれば、笹川は猛烈に発汗し、意識がないようにも見えた。空港の救護室で休憩し、しばらく仮眠したところ、一時間後には異常に低かった血圧も１２０―80と正常値に戻った。このため、笹川は自分で歩いて飛行機に乗り、予定通り出発。午後９時15分、飛行機はリマ空港に着いた。

笹川は一般乗客と同様に満員のバスに乗り込んだが、待機していた救急車に乗り換えさせられた。行く先はリマ市内の総合病院、日秘移住百周年記念病院であった。

日本財団の助成事業で増築され、医療機器も整備されたペルーの病院に、日本財団の会長である自分が緊急入院することになるとは……。笹川は、支援する側が支援を受ける側になってしまったことを、自分の迂闊さからだととらえたのかもしれない。そして入院の時点では「あまりの恥ずかしさに今度は冷や汗がどっと出た」と謙虚に振り返っている。

1月28日午後10時、笹川が運び込まれた記念病院の救急治療室では、医師・看護師らが八人体制をとり、心電図や血液検査、CTスキャン、心臓エコー検査などをきびきびと続けた。笹川は医療チームのそうした無駄のない動きを「感心しながらベッドから拝見していた」という。

病院の心臓担当責任者のドクターは心臓エコーを観察しながら重大な説明を始めた。「心房心室ブロックはレベル1か2。失神が事実であれば、レベル2。一度あれば、再発の可能性がある。（日本への）帰国のフライト中に再発したら、処置は不可能」

ドクターはペースメーカーの使用を強く勧めた。その後、日本での笹川の主治医（心臓専門医）と電話で話し合った結果、ペースメーカーの埋め込み手術を行う治療方針が決まった。

1月29日午前1時、手術は朝開始することに決定。笹川は日本にいる夫人に自分で連絡のうえ、病院に集まっていたペルー日系人協会の幹部らに挨拶した後、ＩＣＵ（集中治療室）に入った。

午前10時40分、ペースメーカーの体内埋め込み手術は一時間足らずで終了。

翌30日午前10時、笹川は入浴を済ませた後、リマの日秘移住百周年記念病院を歩いて退院した。

以上のペルーでの緊急入・退院の事実関係は笹川陽平ブログ（２０１２年2月3日、及び2月17日）による。「たった一日半の出来事でした」と、ケロッとした調子で書き飛ばしている。

その後の回復ぶりも驚異的だった。退院した日の深夜にリマを発ち、ロサンゼルス空港で七時間の乗り換え待ちを経て、２月１日午後６時に成田空港着。念のため、聖路加国際病院（東京都中央区）にペースメーカー埋め込み手術の詳細データを提出して検査入院したが、翌２月２日午後２時には退院。その後、日本財団ビルでの仕事を再開した。

日本財団の助成金が活用されているペルーの病院に、たまたまペルーで活動していた日本財団会長が突然発病し、入院することになったのは一つの縁である。まして、病院の医師のすばやい判断もあって緊急手術が行われ、大事に至るのを食い止めたことは、日系ペルー人と日本人、ひいてはペルーと日本という、国と国との絆を強める作用をもたらしたと尾形は受け止めている。

■スカラーたちに望むこと

日本財団が現在実施している日系人支援のプロジェクトの中で、日系人側が最も注目し、期待を寄せ続けているのは、日系スカラーシップ「夢の実現プロジェクト」（運営は海外日系人協会）だろう。

――このスカラーシップの事業をやっていて、一番うれしいことは何でしょうか

尾形「奨学金の受給者たちの感謝の気持ちが伝わってくるのはうれしいですが、それ以上にうれしいのは、スカラーたちがみんな、きちんと仕事をし、周囲から尊敬を集めていること。遊んでいる人が一人もいないことですね」

――他の奨学金と違い、日本財団・日系スカラーシップの特徴は給付対象者を大学院（修士、博士課程）などいわゆる学究分野の留学生に限定していないことだと思います。その

特徴は生かされていますか

尾形「お医者さんになって母国に帰って行った人、庭師になって帰って行った人、学校の先生、大学の教授、そして、すし職人や洋菓子屋さん……。さまざまな人がいます。卒業生には（コロナ禍の２０２０年、21年は除き）毎年のように会っていますが、当然ながら、毎年卒業生の人数は増えていく。いつのまにか、卒業生の家族が出来て、彼らも懇親会に参加してくれるようになりました。みんな元気でやっているとすぐわかる。これほどうれしいことはありません」

——大きくなった子どもさんもいるでしょうね

尾形「兄弟そろって日系スカラーシップを獲得したケースがありましたが、親子二代で奨学生になった例も生まれました。二十年も続いているプロジェクトです。最初のころの奨学生が五十歳近くになっているのですから」

——日系スカラーシップの奨学生たちに何を望みますか

尾形「卒業して母国に帰った人も、卒業後も日本に残っている人もいます。それぞれです。もちろん、日本で学んだことを生かして、日本と母国の架け橋になってくれれば、大変うれしい。でも、架け橋にもいろんなパターンがある。ああしろ、こうしろと、その人の人生を縛るのはよくありません」
――卒業後は母国に帰って社会貢献をしてほしい。そう期待していませんか
尾形「社会貢献はどこにいてもできます。それよりも社会貢献とは何かと聞かれたら、何と答えますか。私は、日本財団の採用試験の面接でもいつもそう訊ねますが、皆、答につまります。社会貢献とは、一般的には非営利団体が行う仕事で、日本財団的に言うなら『社会問題を解決するための仕事』です。でも、もっと大きく考えてください。人間は社会を構成しなければ生きていけません。その社会を構成するための最低限の資金は税金です。すると、社会貢献とは究極的に言えば、『人間が誰の世話にもならずに、きちんと働いて税金を納め、家族を養い、自分の人生を全うする』ことではないでしょうか」
――そんなふうに考えると、日系スカラーシップ事業の意義もよりくっきりと見えてくるということですか
尾形「私は日系スカラーシップの奨学生たちにこれだけはお願いしたい。自分が日系人、つまり日本ルーツの人間であるということ、そして、日本財団の奨学金で勉強したこと。この二つを忘れないで、語り継いでくれれば、日系スカラーシップ事業の成果は確認できると思っています」

追記
～フジモリ元大統領との面会

全世界で約四百万人いると推定される日系人の中で、最も知名度が高い人物を挙げるとすれば、元ペルー大統領のアルベルト・フジモリだろう。残念なことに、元大統領は今（2023年6月現在）、ペルー国家警察の施設に収監中であり、簡単には面会できない。

日本財団理事長の尾形武寿はそんな元大統領に接見し、一時間余り面談した。2022年10月9日（ペルー時間）のことだ。

「南米に行くたびに、フジモリさんには会っています」

コロナ禍で2020年と2021年は接見できなかったから、尾形としては三年ぶりだった。尾形には特定事業部の和田真と中川瑞貴が随行し、面会の場には元大統領の支援者（男性）と通訳も同席した。

元大統領が収監されるに至る経緯は本書の第2章（1）日系ペルー人の特質――ですでに述べた。かいつまんで言えば、1990年から約十年間、フジモリはペルー大統領として奮闘した。破綻していたペルー経済を再建し、過激派武装組織の掃討や麻薬の撲滅で成果をあげ、１９９６年12月に起きた日本大使公邸占拠人質事件ではテロに屈することなく人質救出作戦を指揮している。ところが２０００年９月、側近による野党議員の買収スキャンダルが発覚して失脚。日本への事実上の亡命、チリでの軟禁などを経て、２００７年９月にはペルーに移送され、国家警察の施設に収監されたのである。

筆者は、収監中の元大統領と尾形の面会の記録を本書（第八巻）の追記として残しておきたいと思った。ペルー史上では稀有な存在であった日系人大統領の波乱に満ちた生涯を活写するには、素顔になった時の肉声をとらえておきたいと考えたからである。

フジモリと日本財団幹部らとの交友関係は、日本財団の事業を通じてふれ合った人間関係が基盤になっている。途上国を対象に実施された日本財団の学校建設支援事業はペルーから始まったのだが、作家の曽野綾子は日本財団会長在任中（１９９５～２００５年）にフジモリと共に大統領専用ヘリに搭乗し、学校建設現場を抜き打ちで視察した経験を筆者に語ったことがある。

交友はフジモリの失脚後も続いた。曽野はフジモリが事実上日本に亡命していた2000年11月下旬から三カ月余り、東京都内にある自宅の離れを滞在場所として提供している。

しかし、ペルーで政治スキャンダルによって禁錮二十五年の刑が確定した元大統領は、もはや日本財団の日系人支援プロジェクトとは接点がない。であるのに、なぜ、たびたび会いに行くのかと尾形に問うと、正直な答えが跳ね返ってきた。

「日本人として、日系人のフジモリさんを、やはり誇りに思うからです。アメリカでは日系人の上院議員がたくさん誕生しました。しかし、アメリカで日系人の大統領はまだ登場していません」

元大統領のフジモリは日々どのように暮らしているのか。

尾形がフジモリに面会した場に同席していた和田によると、フジモリが収監されているペルー国家警察の施設はリマの中心部から東へ車で一時間ほどの郊外にある。非常に高いコンクリート塀で囲まれた広大な敷地の中に、これも高さ五メートルの塀で囲まれた二百五十平方メートルほどの区画があった。また、入口のそばに詰所があり、男性職員二人と女性職員一人、さらに女性看護師一人が待機していた。銃などの武器を携行している者の姿は見られなかった。入口のそばには、フジモリ専用とみられる救急車が一台止められていた。

区画の奥にはフジモリが寝起きする小さな建物があった。その前に広がる庭には低木が四、五本並び、元は盆栽だったという桑の木が大きく育っていた。草花も植えられていた。

和田の説明を聞いていると、フジモリは刑罰を受けて収監中の罪人ではあるが、特別な待遇を受けているように思えた。収監というより、収容、または軟禁中とする方が実態に近いのではないか。日系人の元大統領のペルーにおける影響力がうかがえる。

それでも和田によれば、尾形の一行が警察施設に入る際には念入りな身体検査があり、携帯電話やカメラ、ボイスレコーダー、そして時計などはすべて持ち込み不可だった。筆記用具は可だったので、なんとかメモを取ることができたという。

フジモリはブルーのチェック柄のシャツにブルージーンズ、スポーツシューズ姿。薄手の黒いダウンジャケットをはおったカジュアルな装いで現れた。面会の途中からマチュピチュ遺跡の絵柄入りのエプロンを身に着けた。「箸を使う時、食べ物を落としてしまうから」との説明だった。

フジモリと尾形らとの主なやりとりは次の通り。

フジモリ「最近は一日五～六時間、パソコンに向かって自伝を書いています。それもあって腰が痛いが、頭の回転は良いですよ。八十四歳になりましたけれど」

「最近、軽度の心筋梗塞の症状に見舞われました。差し入れていただいたウィスキーは取り上げられましたが、いつか飲めるよう保管してもらうか、（今後は）パラシュートで落としてもらえるようにでもしますか……。心臓の具合が悪くなったらすぐ、車で十分ほどの所にある病院まで送ってもらえることになっています」

「自伝には、笹川陽平会長が支援してくれた学校建設事業のことや、日本大使公邸占拠人質事件の際の軍特殊部隊の突入・救出作戦についても書き込むつもりです」

尾形「あなた自身の恩赦（釈放）の可能性はあるのでしょうか」

フジモリ「あります。しかし、政治的な問題に左右されるでしょうね。弁護士を替え、今交渉しているところです」

「この三年間はコロナ禍で訪問者がいなかった。なので、私が一人で料理し、食事しています。刺し身や焼き魚が多い。体重は今、六十一キログラム。この施設の職員たちとは仲良くやっています。彼らはアシスタントのような存在ですね」

和田「私がお会いするのは、これで二回目です。一回目は曽野（綾子）先代会長の退任パーティの時でした。元大統領はご自身で車を運転して日本財団ビルに来られた。その際の車がボコボコだったことを覚えています」

フジモリ「トラックを運転したこともありますよ」

執筆中だという自伝について質問すると、フジモリの口調は熱を帯びた。

フジモリ「自伝は二千五百～三千ページになります。ペルーの元大統領が自伝を書くのは初めてですよ」

「自伝にはフジモリ党の哲学や大統領時代のことを書く。五年のうちに（自伝関係の）資料館を作りたいです。なぜ、五年かというと、呼吸器系の疾患によって私の余命はあと五年だと医師に告げられたから。呼吸器系の疾患が完治する薬はないが、進行を遅らせることはできます。自伝は全部で四冊になると思います」

「ペルー国民の全員ではないが、多くは私がしたことに感謝していると思います。差し入れに、畑から野菜を、工場からは製品を持ってきてくれる人がいたり、高級魚を一尾くれる人もいます」
「笹川会長、曽野前会長、そして尾形理事長に、私の自伝を謹呈したい。本当に感謝しています」

フジモリと尾形の言葉のやりとりからはっきりとわかるのは、フジモリが自伝執筆に全精力を注ぎ込んでいること。そして、フジモリ政権の業績をペルー国民がどう評価しているかを気にしていることである。不本意、不名誉なかたちで自らの政治家人生に終止符を打たなければならなかったことが残念でならないのだろう。

そして、尾形は個人的な立場から、フジモリ自伝を応援している。

フジモリとの面会は、日本財団の日系人支援プロジェクトとは関係はない。しかし、熊本県からの移民の子として生まれ、克己して学業に励み、ペルーのラ・モリーナ国立農科大学大学院を卒業、その後奨学金を得て米国留学し、帰国後には母校の学長に就任したフジモリの前半生の経歴は、日本への留学で修士号や博士号を獲得した日本財団・日系スカラーシップ奨学生のそれと重なって見える。フジモリは言わば、「頑張る」や「勤勉」をモットーとする日系人の代表例のように思えてならない。余命はあと五年と医師から告げられても、自伝の完成に闘志を燃やす精神力には、やはり日系人の魂を見る思いがする。

政治家としてのフジモリは手放しにヒーローだと称えにくい。公正な評価を下すには、なお時間が必要だろう。しかし、日本財団にとって、フジモリは支援事業のパートナーとしては有能な日系人リーダーであったのは確かだ。

本書に掲載されているデータならびに肩書等は取材当時のもので、発行時のものと異なる場合があります。

***

本書の電子書籍は国内大手電子書店でお買い求めいただけます。

［著者紹介］

鳥海美朗（とりうみ・よしろう）

1949年徳島県生まれ。早稲田大学第一文学部卒。1973年産経新聞社入社。大阪社会部勤務の後、社内制度で米国イリノイ大学シカゴ校大学院などに留学。ロンドン支局長、ロサンゼルス支局長、外信部長、編集局次長、編集長などを経て論説委員。2013年6月退社。同年7月から日本財団アドバイザー。産経新聞客員論説委員。著書に『鶴子と雪洲』（海竜社、2013年）、シリーズ『日本財団は、いったい何をしているのか』（1～7巻）など。

日本財団は、いっさい何をしているのか
――第八巻　日系人と日本

発行日　　二〇二三年七月一五日　第一刷発行

著者　　鳥海美朗

発行者　　小黒一三

発行所　　株式会社木楽舍
〒一〇四・〇〇四五
東京都中央区築地三・一二・三
WELL 2ビル三階

印刷・製本　　開成堂印刷株式会社